U0827170

铁人印记

郭岗彦 著

中国石油大学出版社
CHINA UNIVERSITY OF PETROLEUM PRESS
山东·青岛

图书在版编目（CIP）数据

铁人印记 / 郭岗彦著. -- 青岛：中国石油大学出版社, 2021. 6（2022. 9重印）
ISBN 978-7-5636-7138-0

I. ①铁… II. ①郭… III. ①王进喜（1923～1970）一先进事迹 IV. ①K828.1

中国版本图书馆CIP数据核字（2021）第073236号

书　　名：铁人印记
TIEREN YINJI
著　　者：郭岗彦

策　　划：李　锋
责任编辑：隋　芳（电话 0532-86983568）
封面设计：王凌波

出 版 者：中国石油大学出版社
（地址：山东省青岛市黄岛区长江西路66号　邮编：266580）
网　　址：http://cbs.upc.edu.cn
电子邮箱：shiyoujiaoyu@126.com
排 版 者：九天设计
印 刷 者：青岛北琪精密制造有限公司
发 行 者：中国石油大学出版社（电话 0532-86981531，86983437）
开　　本：787 mm × 1 092 mm　1/16
印　　张：12.5
字　　数：175千字
版 印 次：2021年6月第1版　2022年9月第2次印刷
书　　号：ISBN 978-7-5636-7138-0
定　　价：39.00元

铁人精神光耀千秋

（代序）

中国工人阶级的杰出典范、石油工人的优秀代表铁人王进喜同志，离开我们已经超过50年了，但他的光辉形象和不朽精神一直活在我们心中，时刻激励着我们奋勇前进。铁人是我亲密的战友，一想起他，常常使我禁不住泪湿衣襟，感到往事历历在目。那一桩桩、一件件，仿佛就发生在昨天，仿佛铁人还在我们中间。多少年的风风雨雨，冲淡、埋葬了无数记忆，但铁人留给我的印象，却始终是那样深刻、清晰。这种情感，随着岁月的流逝，久而弥深，久而弥坚，常萦心怀，终生难忘。

每当忆起铁人，就会忆起锤炼、造就了铁人的那部艰难创业史。铁人经历了我国石油工业发展的几个阶段，特别是新中国诞生以后的初创阶段。在石油战线上，他始终保持着先进称号，成为全国著名的劳动模范，成为石油战线的光荣与骄傲。铁人献身石油事业几十年如一日，他以坚毅的民族气节、无私的奉献精神和严谨求实的作风，为祖国的石油工业建立了丰功伟绩，给我们留下了光耀千秋的铁人精神。

自觉加压 发愤图强
为国家分担忧患的民族精神

铁人常说："没有党和毛主席，我早就被扔到玉门东岗上喂狼了。" 1952 年秋季，我随石油师转业到玉门。当时，铁人是井队钻工。对于他的能干，在还未见面之前就已有所闻，见面后发现果然名不虚传。他对解救他脱离苦海的党和毛主席的一片忠贞，他浑身上下那股似乎总也使不完的劲儿，以及他西北人独有的粗犷豪爽的性格，给我留下了极其鲜明的印象。后来，他被任命为钻井队长，我任钻井大队长；到大庆以后，我任钻井指挥时，他任钻井大队长；我任会战指挥部副指挥时，他任钻井副指挥。随着工作的接触，我们过从渐密，情志愈投，终成挚友。

如果说，铁人从解放前为谋生计投身石油行业到解放后知恩图报献身石油事业，是朴素阶级感情的一次飞跃的话，那么在北京群英会期间的"沙滩痛哭"和"大庆发现大油田"这两件事，则使他朴素的阶级感情升华为强烈的民族意识和爱国热忱。让国家缺油作难，是石油工人的奇耻大辱；为国家分担困难，是石油工人的神圣职责。这是铁人的民族魂，是石油工人的民族魂。怀着这种为祖国争光、为民族争气的崇高精神，王进喜同志率队东进，投入了他日夜向往的大庆石油会战战场。

1960 年春，我和铁人在大庆重逢。当时，我在第二探区（杏树岗），他在会战指挥部的主战场——第三探区（萨尔图）。虽然相距 30 多公里，他的先进事迹却可以及时地传递过来，使我欣喜、振奋。

当年，王进喜一下火车，就直奔马家窑，站在一望无际的茫茫荒原，望着山南海北赶来会战的支支劲旅，铁人欣喜若狂、热泪盈眶。他对战友们说："这回咱们掉进大油海里了，甩开膀子干吧，把贫油落后的帽子甩到太平洋里去！"

大庆石油会战是在困难的时期、困难的地方、困难的条件下开始的。面对重重困难，铁人清醒地意识到：“这困难，那困难，国家缺油是最大的困难。”“上，无非是我们多吃点苦；不上，国家就更困难。”一个“上”字就是从铁人那个队首先喊出来的。“有条件要上，没有条件创造条件也要上！”铁人带领1205钻井队创造了大庆石油会战史上一个又一个奇迹，为会战谱写了胜利的开篇。

铁人的先进事迹像星星火种，点燃了战区职工的会战烈焰。1960年5月1日，老部长余秋里带头高呼：“向铁人学习！人人争做铁人！”全油田迅速掀起了学习铁人的热潮。在铁人精神的鼓舞下，大庆人奋战三年，高速度、高水平地拿下了我国头号大油田。

1963年底，敬爱的周总理在第二届全国人民代表大会第四次会议上向全世界庄严宣告：中国石油基本自给，中国人民依靠“洋油”的时代一去不复返了。这一宣告粉碎了中国是“贫油国”的论断，开辟了我国找油找气的新纪元。大庆人为此欢呼，为此自豪。大庆大庆，值得大庆！但是，铁人却没有陶醉在胜利的欢庆之中。他身在油田，心怀天下，决心赶超世界先进水平。

铁人知道，中华民族曾经有过处于世界领先地位的石油史。作为炎黄子孙，作为社会主义新中国的石油工人，怎能甘心久居人后？1966年，铁人指挥1205和1202钻井队双双突破年进尺10万米大关，攀上了当时世界钻井年进尺的峰巅，把美国王牌钻井队和苏联功勋钻井队远远地抛在后面，再一次为中华民族争了光，争了气。

正当铁人和他的战友们向新的征程进军的时候，大庆——我国工业战线上的这面红旗，遭到了腥风血雨的狂暴袭击。大庆红旗被诬作“黑”的，标杆被视为“吹”的，铁人被说成“假”的，并被强加给莫须有的“十大罪状”而惨遭迫害。在那是非颠倒、无处说理的年月，我不止一次地自问：铁人，你何罪之有？！

疾风恶浪，方显英雄本色。我们的铁人不愧是顶天立地的英雄。他忧虑的不是个人的荣辱进退，而是党和国家的命运前途，是石油事业的兴衰成败，是大庆红旗永不倒。面对“虎狼”，面对生死，他义正词严：“我是铁人还是泥人，无关紧要。但大庆是毛主席的大庆，是7亿人民的大庆。这面红旗谁也动摇不了。”“就是把刀架在我脖子上我也要说，大庆红旗是红的！”一语千钧，掷地有声。铁人捍卫的岂止是大庆红旗，他在维护国家的尊严、民族的尊严。这，就是中华民族坚韧不屈的脊梁！这，就是石油工业兴旺发达的中流砥柱！

舍身忘我 拼命大干
以发展石油事业为己任的奉献精神

我曾与铁人同在玉门奋战近六年，又与他一道度过了会战初期的艰难岁月。在与铁人相处的十多年里，我时时可以感受到他那种源于强烈事业心的永不衰竭的革命干劲、工作热情和在充满坎坷荆棘的道路上压倒一切困难、夺路前进的大无畏英雄气概。

铁人把发展祖国的石油工业视为自己生命的全部，又把全部生命奉献给了他所挚爱的石油事业。他总是想得那样深，看得那样远，永不满足，永不停步。在他的进程表上，这一个目标的实现便是下一个目标的开始。事实证明，铁人一步一层天的奋斗目标，已作为我国石油钻井每个时期发展提高的重要标志永载史册。

铁人胸怀目标，脚踏实地，一不怕苦，二不怕死，一心只想多打井，快打井，打好井。铁人和他的同志们凭着对党、对祖国、对人民、对石油事业的一腔热血，谱写了一曲新中国石油工人的壮丽凯歌。铁人和他的同志们在险情面前，总是临危不惧、挺身而出，消除了多起事故，抢救了大量国家财产，使这曲凯歌响彻神州大地。

铁人的乐观和豪爽时时处处可见，越是艰难困苦的时候，体现得越是充分。在生产试验区打井时，铁人废寝忘食地连轴转。有一次，他刚端起饭碗，便靠在钻杆边打起盹来，工人们心疼得直落泪，他却风趣地望着摔碎的碗说："对不起，保证赔你新碗。"看着他日渐消瘦的脸庞，大家都劝他多多保重身体，他却爽朗地说："不就是个死么，我早就豁出去了。只要上午拿下个大油田，哪怕下午倒在钻台上也痛快，也值得！"跟他在一起的人，都会感到一种神奇的吸引力和感染力，心甘情愿地跟着他去吃苦受累，拼搏奋进。

铁人的心里不仅装着一个大庆，而且装着整个石油事业。他常说，我们国家光有一个大庆不行，有两个也不够，要有三个、五个、八个、十个，越多越好，越大越好。在落实支援新区建设的人员、设备等问题时，铁人说："不要分什么你的、我的，统统都是国家的、党的、人民的。拿下新油田，关系到整个石油工业的大发展。我们要顾全大局，看到全中国、全世界，想到几十年、几百年。"他主张支援新区要派精兵强将，给人要给过硬的，给物要给优质的，给设备要给成套的，保证队伍开上去就能打得响，打得胜。

1970年3月，铁人率领大庆学习慰问团来到会战新区江汉油田。当时，他已是中央委员，我却在"牛棚"喂牛、种地，接受审查，随传随到。听人说，铁人刚到江汉油田招待所就急切地询问："李敬同志在哪里？我要见他。"当时，我正在掏厕所，见有人传叫，不知又有什么麻烦。谁知，推门进去，迎上前来的竟是四年不见的老铁！铁人紧紧抓住我的双手，握了又握，摇了又摇。我们泪眼相向，百感交集，沉默许久说不出话来。那分别后的思念、相逢时的喜悦，以及几年来酸甜苦辣的一切滋味，全部蕴含在这默默无言之中。铁人看我衣着破旧，心里什么都明白了。他鼓励我想开些，相信党，相信群众。那次相见，时间较短，我有一肚子的话要对老铁说，却始终没讲出一句话。铁人走后，陪同他慰问的同志告诉我，他曾多次对有关负责同志讲："李敬同志是我的老领导。从50年代开始，我们就在一起了。我了解他，敢担保他没有问题，请你们尽快解放他。这些老同志，都是我们党的宝贵财富，都是石油发展的有功之臣。新区建设需要他们，不能再把他们圈在‘牛棚’里啦！”铁人的相知、铁人的深情激起我的万千感慨。从和铁人握别的时候起，我就等待着、盼望着，等着盼着我们再度重逢、开怀畅谈的那一天。可万万没有想到，江汉一别，竟成永诀！

1970年7月，我离开“牛棚”，被派往13团任副团长。没过多久，噩耗传来。11月15日，铁人去世的讣告摆在我面前，我不胜悲恸，潸然泪下。直到这时，我才真正感到追悔莫及，才真正意识到那次无语的相见铸成了我终生的遗憾。我含悲忍痛发出一封唁函，遥寄我对党的好儿子、工人阶级的好榜样、石油工业的骄傲、我的老战友铁人王进喜的沉痛哀悼。

“宁肯少活20年，拼命也要拿下大油田。”铁人一生舍身忘我、无私奉献，为发展祖国的石油事业长年奔波、日夜操劳，终致身心交瘁，英年早逝。去世时，他年仅47岁，正是年富力强、为事业效力的好时候，可他却过早地离开了我们。

严细认真　一丝不苟
对党对人民高度负责的求实精神

铁人干事业有股“拼”劲，抓工作有股“狠”劲，在大庆战区是出了名的。他对上级指示的坚决贯彻，对工作的严细认真，对质量的一丝不苟，对安全的常抓不懈，以及他作为人民公仆的赤诚感情和普通一兵的艰苦本色，都是他优秀品德和可贵精神不可缺少的重要组成部分。

“四一九”是大庆人永远不忘的纪念日。时隔60年，我还记忆犹新。那是1961年4月19日，大庆石油会战工委在油建礼堂召开千人反事故大会，在这之前，我们钻井指挥部填封了一口打斜了的新油井。开会那天，我作为钻井指挥部指挥上台做检查，总结教训，接受批评。当时兼任会战指挥部指挥的副部长康世恩同志严厉地批评我们是给国家造成重大损失的罪人。大家都为造成的损失深感痛心。会场上，许多同志落了泪。

“四一九”以后，钻井指挥部紧接着召开了现场会，贯彻落实会战工委的指示精神。会前，当时是钻井二大队大队长的铁人找到我，要求开会时狠狠批评他，不要留情面，为的是让大家都能牢记这次惨痛的教训。会上，铁人自觉从严、主动地承担责任，做了深刻检查。他深沉地说：“前几天，井队的同志们狠着心、含着泪填死了一口不合格的井。指挥部的领导也和我们一同去背水泥。有人难过地说：‘标杆队的队史上还没有这么一笔。’我说：‘没有这一笔，队史就是假的。’这一笔，不但要记录在队史上，还要印刻在每个人的心里。要让后来的人都知道，我们不是单纯地填掉了一口废井，而是填掉了低水平、老毛病和坏作风。”这次会议在职工中引起了强烈的震动，大家不但没有悲观，没有消沉，反而变失败为教训，变压力为动力。

随着对铁人理解的深入，我发现，常找铁人的并非我一个人。铁人像热爱石油事业那样，热爱为石油事业奋斗的人们。无论是出门还是在家，铁人身边总是围着许多职工家属。对群众的疾苦，他了如指掌，并逐一解决。翻开铁人那本《毛泽东选集》，在“关心群众生活，注意工作方法”一文中，他圈圈点点做了许多记号。铁人经常告诫自己，也告诫身边的干部：“……我们是党的基层干部，总不能把马列主义的道理和党的政策光挂在口头上、摆在书架上、搁在文件夹子里吧？……”的确，铁人管得很宽很多。二大队职工家属这样说：全大队每一块庄稼地里都印下了铁人的足迹，全大队每一栋“干打垒”里都洒下了铁人的汗水。铁人用赤诚滚烫的阶级感情温暖了周围人们的心。他走到哪里，哪里就成了“接待站”。铁人就像是温度表，基层的一切动态都可以在他那里灵敏地显示出来。铁人不愧是人们称赞的让领导放心、与群众贴心的“信得过，靠得住”的好干部。直到现在，有了难处时，我还会想起铁人，想起他给我的支持和帮助，从铁人精神中汲取营养和力量。

铁人为事业、为群众操心尽力，几十年如一日，直至生命的最后一刻。即使在病危弥留之际，他断断续续嘱托的还是将所有的伤亡职工登记造册并按期察访慰问，搞好回收队的养猪种菜。铁人住院期间，组织上考虑到他的母亲、爱人、孩子有病，生活困难，曾几次给他送去补助金，他都再三辞谢。铁人没有给他的家人遗留值钱的财物，却给我们留下了无价的精神财富。他的死和他的生一样崇高、伟大。正像大庆职工家属说的那样，即使砸碎铁人的骨头，也找不到半点"私"字的渣渣。面对铁人，我们每个活着的人难道还有什么个人私心不能抛弃，还有什么个人私利不能牺牲吗？

在中国共产党成立100周年来临之际，我格外思念铁人，思念为发展祖国的石油事业共同奋斗过的老领导、老战友。虽然当年和铁人一起开基立业的老一代石油工人如今都离开了风火鏖战的疆场，但是他们热爱石油事业的心却永远不会衰老。值得欣慰的是，铁人精神正在新一代铁人身上放射出新的光彩，铁人为之奋斗终生的石油事业后继有人，前途无量。

英雄风范塞苍冥，

一代铁人民族魂。

铮铮铁骨昭青史，

国强莫忘开拓人！

（本文成文于1988年10月，此次作为代序有删改——作者注）

原石油工业部副部长

李敬

2021年5月27日

自 序

历史的画卷徐徐展开，一组组镜头、一个个片段生动地再现了王进喜辉煌壮丽的人生。铁人王进喜是中国石油工人的杰出代表、中国工人阶级的先锋战士、中国共产党人的优秀楷模、中华民族的英雄。他为祖国石油工业的发展和社会主义的建设立下了功勋，在创造了巨大物质财富的同时，还给我们留下了宝贵的精神财富——铁人精神。

新中国成立初期，石油资源匮乏，严重的“贫血症”制约着共和国的发展。20 世纪 60 年代初，面对国内困难以及西方的打压和围堵等重重阻碍，大庆人筚路蓝缕、艰苦创业，奏响了气壮山河的激越战歌，一举改变了中国石油工业落后的面貌。在这场波澜壮阔的石油会战中，涌现出了杰出的代表人物——铁人王进喜。

以铁人王进喜为代表的大庆人以“两论”起家、“两分法”前进，独立自主、艰苦创业，以讲求科学、“三老四严”的求实精神开辟出了一条社会主义工业化的发展道路。毛主席发出了“工业学大庆”的号召，大庆的经验和模式曾引领我国社会主义工业化的发展方向。

时光流转，一个甲子过去，大庆精神、铁人精神依然熠熠生辉。2019 年 9 月 26 日，习近平总书记在致大庆油田发现 60 周年的贺信中指出：“大庆油田的卓越贡献已经镌刻在伟大祖国的历史丰碑上，大庆精神、铁人精神已经成为中华民族伟大精神的重要组成部分。”大庆精神、铁人精神历久弥新，久而弥坚。

铁人王进喜是顶天立地的男子汉。翻开他厚重的人生画卷，雄风扑面而来，而走进他人生的百花园，一个个疑问不禁接踵而至：其一，他是一个低调的人，却让人敬仰；其二，他是一个文化程度不高的人，却被称为工人中的“大众哲学家”；其三，他是一个有缺点的人，却让人感到可亲可爱；其四，他是少有的在世时便红遍全国的英雄人物，但无论在世还是英年早逝，几十年来，他的英名和光辉形象历经岁月的洗磨依旧光彩夺目。铁人是如何把这看似矛盾对立的几个方面完美和谐地统一到自己身上的？他永葆革命青春的秘诀是什么？我们从中能汲取哪些坚守初心和使命的力量？

《铁人印记》一书试图依托真实的历史故事，以历史唯物主义和辩证唯物主义的观点与方法重新审视铁人王进喜，领悟铁人精神，感受榜样的力量，启迪读者从我做起，稳健前行。铁人光辉的事迹和铮铮誓言早已给人们留下了难以磨灭的印象，对铁人知之越多，了解越深，越感到自己笔力之笨拙。然而，我最想和读者分享的，是铁人那鲜为人知的“五讲”题词所带来的教育和启示。

铁人，这个用生命践行诺言的人，不仅用行动诠释了共产党人的初心和使命，还把自己永葆革命青春的全部秘诀都镌刻在1966年10月4日为北京人民艺术剧院青年演员李光复所题写的“五讲”题词中：

讲进步不要忘了党

讲本领不要忘了群众

讲成绩不要忘了大多数

讲缺点不要忘了自己

讲现在不要割断历史

这个反映铁人王进喜崇高品格和思辨能力的“五讲”题词，包含着朴实睿智的哲理与智慧，反映了铁人做人的基本道德准则。“五讲”题词既是对铁人一生的写照，更体现了铁人崇高的思想品格和一个英雄人物应有的非凡气度，是铁人精神的画龙点睛之笔，印证了铁人思想的成熟度和哲学思辨能力，集中反映了一名优秀共产党员的先锋意识和卓越品质。

常言道，高处不胜寒！王进喜几乎一生都处在先锋地位。他不是一时一事的英雄，而是始终站立在时代潮头的工人阶级的先锋战士；他不仅是在石油系统具有巨大影响力的灵魂性人物，还是新中国最具影响力的劳动模范之一。作为具有巨大贡献和广泛影响力的杰出人物，对于如何持续发挥模范带头作用，如何保持工人阶级的本色，如何处理个人与群体的关系等问题，他不能不想。全国学英雄，英雄怎么办？

这一切，对于王进喜来说是巨大的考验，而“五讲”题词就是他对自己人生实践经验的总结，是用最平实、朴素的语言对以上问题的回答，是对其初心最真实、自然的话语表达，深刻反映出他坚定的信念与强烈的使命感，也是他终生坚守的人生信条。

铁人一生对党忠诚，具有强烈的群众观点。铁人有关党的观念和群众观点不是课本上学的、课堂上教的，而是他根据个人成长的经历总结出来的。到大庆后，他曾在笔记本扉页上写了一段话：“我是个普通工人，没啥本事，就是为国家打了几口井，一切成绩和荣誉都是党和人民的，我自己的小本本上只能记差距。”这段发自内心的朴实话语表明了一个获得巨大成功和荣誉的老共产党员的心迹，至今仍被很多人视为至理名言。

王进喜功高位显、荣誉等身，如何面对荣誉、正确对待批评与自我批评，不仅是对王进喜的考验，更是对每一个人的考验。有的人一有成绩就像皮球一样，别人不能拍，轻轻一拍就跳得老高，而王进喜成绩越大，就越谦虚谨慎，越要迎着批评上。他遇到批评时常说，干工作不能总想自己吃了多少苦、流了多少汗，没有功劳也有苦劳，要从大局着眼才能体会到批评的好处。所以，受到批评时他总是把胸膛挺起来，坐得直直的，好好地接受。回到家，他睡不好觉，翻来覆去地检查自己，第二天爬起来嘴里就念叨：干吧，往好里干，错了就改。王进喜就是这样，永远那样坦率、真实，从里到外都透着真诚。由此，以正确的荣辱观面对批评与自我批评，成了他永葆本色的法宝。

在现实生活中，很多人被“我是谁，我从哪里来，我要到哪里去”这样的“人生三问”所困扰，有人终其一生也未必能寻找到答案，而答案往往又是由人的世界观、人生观和价值观所决定的。玉门解放后，获得新生的王进喜抱着浓厚的报恩思想努力工作，他常说：“没有党，我王进喜早掉进地球里去了！”他发誓跟定共产党，“永生永世不回头”。这说明他清楚地知道幸福生活来自何方，并已解决了向哪里去的问题。

人生最难的就是搞清楚“我是谁”的问题。在大庆，通过“两论”学习，王进喜深刻认识到，成绩越大越要谦虚谨慎。他始终没有忘记自己放牛娃的出身，他经常告诫自己“千万不要吃老本，老本不管你有多少，只要一口就可以吃个精光”。他把“五讲”看成是“无敌于天下”的力量。接受王进喜“五讲”题词的演员李光复曾动情地说：“你看这‘五讲’题词吧，进步归于党，本领群众最大，成绩是大家的，唯独缺点是我自己的，这是多么高的觉悟和境界呀！”这是一种品质，也是一种修养。作为一名共产党员，王进喜已经达到了“无我”的状态，进入了“我将无我，不负人民”的境界，完成了对“我是谁”的回答。

“五讲”题词是王进喜内在的素养、人生的信条，是铁人已淬火成钢的标志，是他走向成功的基石，也是他永葆革命青春的真谛。这就是铁人始终走在前列、站在高处，任凭风吹雨打而不迷失，永远保持先进性的秘诀，令国人高山仰止的谜底。

心中有信仰，脚下有力量。铁人信念坚定、忠诚如山，一心向党、一心爱国。他把赤诚的心、火热的情都献给了石油，用他一生的实践为我们展示了铁人的“铁”是充满民族浩气的“铁”，是顶天立地、无所畏惧的“铁”，是含有特殊材料的“铁”。这个“铁”是用铁的信仰、铁的信赖、铁的信念淬炼而成的，它比钢还硬！铁人用他的成长经历和人生经验告诉我们：只有听党话、跟党走，才能战胜前进道路上的困难和挫折，成就自己无悔的人生；只有共产党才能凝聚起亿万人民奋斗的意志和决心，走向民族富强、人民幸福之路！

中华民族是英雄辈出的民族，新时代是成就英雄的时代。在迎接中国共产党成立100周年这个重要的历史时刻，我们生活于其中的这个时代正在发生着极其巨大的变化，这种变化无论是在中华民族的历史上还是人类的历史上都是空前的。我们既要担负起中华民族伟大复兴的历史重任，又将面临世界百年未有之大变局。这个变局对我们来说既是重大的历史机遇，又是严峻的挑战。中华民族是一个经历各种危机最多的民族，也是一个有着最强烈的应对危机意识的民族。正是有了这种意识，有了历代的仁人志士，中华民族才得以延续几千年而屹立不倒。正是鲁迅先生所讲的"中国的脊梁"，使我们民族前进的脚步永不停歇。

历史往往有着惊人的相似之处。当年，国外反华势力以"核讹诈"为筹码，以石油作为"卡脖子"的工具，企图把新生的共和国扼杀在摇篮之中。现如今，面对中华民族的伟大复兴，西方反华势力围堵中国的"大合唱"再次奏响，为遏制中国发展所编织的各种谎言，使出的制裁、"卡脖子"等阴招不断。历史和现实反复警醒我们，一个拥有14亿人口的国家，要想自立于世界民族之林并实现复兴伟业，任何时候、任何情况下都不能把发展的自主权别在外人的"裤腰带"上，也让我们更加体悟出大庆精神中"独立自主、自力更生"八个字的分量，感受到铁人"石油工人一声吼，地球也要抖三抖"的精神力量。"敢于斗争，敢于胜利"，这也是中国共产党成立100年来领导人民接续奋斗的经验结晶。

一个民族不能没有英雄，一个国家不能没有先锋，时代呼唤英雄。在中华民族伟大复兴的征程上，我们需要千千万万个铁人，需要铁人那种奋发思变、自觉加压、为国争光的爱国主义精神，知难而进、知难而上的艰苦创业精神，为国分忧、勇于担当的奉献精神，以及百折不挠、奋斗不息的顽强意志。我们要在学思践悟中坚定理想信念，在奋发有为中践行初心使命，努力为实现“两个一百年”奋斗目标、实现中华民族伟大复兴的中国梦贡献智慧和力量。

郭岗彦

2021年5月

铁人印记

TIEREN YINJI

目录

上篇

下篇

扫一扫 看视频

引 言

铁人王进喜是20世纪60年代在大庆石油会战中涌现出的英雄人物。大庆石油会战的胜利不仅为国家奉献了一个世界级的特大油田，使中国一举摆脱了贫油和缺油的状态，还为我们培育出了大庆精神、铁人精神。大庆石油会战胜利以后，毛主席发出了“工业学大庆”的号召。由于当时国际环境特殊，一是中苏关系破裂，二是以美国为首的西方国家对我国实施围堵，所以大庆石油会战基本是在保密的状态下进行的。下图为铁人王进喜和两位采油女工身着印有“农垦”字样的工作服，当时大庆油田对外的番号为“安达农垦总场”。

身着印有“农垦”字样工作服的王进喜、采油女工（图片来源:《铁人传》）

直到1963年12月，周恩来总理在第二届全国人民代表大会第四次会议上庄严宣告：由于大庆油田的发现和建成，中国石油基本自给，中国人民依靠“洋油”的时代一去不复返了。这标志着中国人从此把“贫油的帽子扔到了太平洋”。由此，大庆才正式对外解密。

大庆石油会战中不仅涌现出了王进喜这样的英雄人物，而且孕育了“铁人精神”，鼓舞和教育了几代人。1989年，新中国成立40周年之际，王进喜与雷锋、焦裕禄、史来贺、钱学森一起被中共中央组织部列为新中国成立40年来在群众中享有崇高威望的共产党员优秀代表。

新中国成立40年来在群众中享有崇高威望的共产党员优秀代表（图片来源：铁人王进喜纪念馆）

2000年，新华社发起“百年中国十大人物”评选活动，王进喜位列其中，与孙中山、鲁迅、雷锋、焦裕禄、李四光、毛泽东、邓稼先、邓小平、袁隆平一起被写入中华民族的光辉史册。

2001年，建党80周年时，各大媒体共选取自党的主要创始人之一李大钊开始的80位共产党人杰出代表进行宣传报道，其中就有铁人。报道中评价李大钊是“为中国引来天火”的人，评价铁人说他为人民“送走了洋油时代”。

2003年，中华全国总工会和中国摄影家协会联合举办“中国劳模——时代领跑者”摄影展览，以图片形式展示了161位全国劳动模范的风采，铁人王进喜位列第一。

80位共产党人的故事（图片来源:《听亲历者口述铁人》）

2009年，新中国成立60周年，王进喜被评为“100位新中国成立以来感动中国人物”之一。

2017年，中央电视台中文国际频道（CCTV-4）在《国家记忆》节目中，以“永不过时的劳模精神”为题播出了王进喜、时传祥、张秉贵、孟泰、史来贺的英雄事迹。新中国最具影响力的劳模风采依然。

100位新中国成立以来感动中国人物
（图片来源:《听亲历者口述铁人》）

《国家记忆》节目播出王进喜英雄事迹(图片来源:CCTV-4)

2019年,新中国成立70周年,"三代铁人"铁人王进喜、新铁人王启民、第三代铁人李新民共列278位"最美奋斗者"之中,同时获得"最美奋斗者"称号。习近平总书记还在人民大会堂亲自向新铁人王启民颁发"人民楷模"荣誉勋章。这说明,"铁人"不仅是一个称号,更代表了一种精神,一种力量。"三代铁人"经历的时代不同,但铁人精神却一脉相承。"铁人"永在,其精神不朽!

王进喜1923年出生,1970年去世时年仅47岁,离开我们已有50多年了,但他喊出的"宁肯少活20年,拼命也要拿下大油田"的豪迈誓言,以及"石油工人一声吼,地球也要抖三抖"的吼声,至今仍在我们耳边回荡。他为压制井喷,情急之中带伤奋力跳进泥浆池搅拌泥浆的英雄壮举,曾感动了无数人。除此之外,王进喜还有哪些感人故事呢?王进喜是个工人,从来没有上过学,没有多少文化,他成名之后是如何做到"不忘初心、牢记使命"的?他高尚的品格以及危难时刻的担当精神是如何体现的?

铁人王进喜

新铁人王启民

第三代铁人李新民

新中国成立70周年“最美奋斗者”(图片来源:铁人王进喜纪念馆)

时光飞逝,王进喜并未走远,却在时光里沉淀为传奇。翻开铁人王进喜那厚重的人生画卷,王进喜其人、其事,以及铁人精神对当代中国的影响,是值得探寻的问题。

背景资料

三代铁人

时代不同,铁人的故事各有不同,但铁人精神是一脉相承的。

铁人王进喜以“恨不得一拳头砸出一口井来”的豪迈气概,发出“宁肯少活 20 年,拼命也要拿下大油田”的铮铮誓言,带领 1205 钻井队,人拉肩扛运钻机、破冰端水保开钻,仅用 5 天零 4 小时就打出了大庆油田的第一口生产井。

新铁人王启民“宁肯把心血熬干,也要让油田稳产再高产”,在科研的道路上“啃骨头、榨骨髓”,实现油田开发史上一次次创新突破,为大庆油田创造了巨大的经济效益,仅“表外储层”开发研究成果一项就相当于为大庆油田增加了一个 7.4 亿吨地质储量的大油田。

第三代铁人李新民听着铁人的故事长大,成为 1205 钻井队第 18 任队长后,和队友们开发海外市场,实现了铁人老队长“把井打到国外去”的愿望。

“三代铁人”的故事就是一部大庆油田发展史。在新中国成立之初急需石油之时,王进喜站出来:“这困难,那困难,国家缺油是最大的困难。”大庆油田如何实现科技开发?以王启民为代表的石油科技工作者说:“外国专家下断言,我们开发不了这么难的油田,可我偏要成功!”当祖国迫切需要拓展海外石油市场时,李新民义无反顾地走出国门,坚定地说:“有大庆精神、铁人精神在,就没有过不去的坎儿,就没有竖不起来的旗!”

铁人印记

上篇

TIEREN YINJI

扫一扫 看视频

1 苦难的童年

王进喜 1923 年 10 月 8 日出生于甘肃省玉门县赤金区（今玉门市赤金镇），祖籍陕西省大荔县羌白镇焦家村。据说王进喜祖上大约在清道光年间（1821—1850 年）由陕西迁到甘肃河西走廊，经过几代人的努力，到王进喜的祖父王博学当家时，王家已成为当地富户，不仅有上百亩土地，房屋连片，还开有一处当铺。清同治年间（1862—1875 年），因受太平天国农民起义影响，陕甘等地发生回民起义，河西走廊发生兵变，一股土匪袭击了赤金，把王家洗劫一空，随后又一把大火将其烧了个精光。自此，王家衰败不堪。王进喜的父亲王金堂出生后，王家想尽办法供他念私塾，学认字，使其勉强成为一个能算账、会写字，有知识、有文化的庄稼汉。

王金堂 30 岁得子。王进喜刚出生时，王金堂看到是一个男孩，心里非常高兴。按照当地的习俗，王金堂把婴儿包上一件老人衣服，装在草筐里挂到秤上一称，正好十斤，于是就起名为“十斤娃”。十斤娃名字听起来非常壮实，实则身材瘦小。十斤娃长大后，按照王家的家谱往下排，起名王进喜。

王进喜年幼时，父亲因遭债主逼债、官府关押，双目失明。作为全家最大

“十斤娃”（图片来源:《铁人王进喜》）

的孩子，6岁的王进喜拉着双目失明的父亲四处乞讨。关于这段乞讨生活，《人民日报》记者田流同志采访时，王进喜曾有过叙述：“地不打粮，只好要饭。我拉着棍子，给双目失明的父亲领路，走南村，串北庄，出去要饭。地主家的狗也怪，单咬穿破烂的，这不（王进喜卷起裤腿给大家看），当年被狗咬的伤疤还在。张口叫门要吃的，可真不容易，那时候好一点的人家给点麸皮，坏的人家还出来打我们一顿棍子。家里穷得光光的，要啥没啥，全家人靠讨饭度日，真是一天比三年还长。”

小进喜与父亲乞讨（图片来源:《铁人王进喜》）

10岁时，王进喜和三个小伙伴到祁连山为地主放牛，几个月回不了家。到年底结账时，东家以王进喜弄丢了牛为由，克扣了他的工钱，还不准他来年再干。他只好在周边河沟里捡拾“黑油”（实际就是渗漏出地表的原油）变卖以补贴家用。

1937年10月初，我国杰出的地质学家孙健初与美国石油地质专家马文•韦勒博士、费富德•萨顿工程师一行从上海出发到玉门考察。在考察途中，他们遇到几个用土办法挖油的赤金人，其中有一个浑身沾满黑油的十几岁的小男孩。这个小男孩只穿一件又破又短的皮袄，因为一天到晚和原油打交道，浑身都是黑色的，好像从来没洗过澡似的。也许正是这种周身的“保护层”，才使他免受严寒之苦。韦勒博士把他的所见，特别是遇见这个“黑油男孩”的情景写信告诉了家人。1991年韦勒的女儿来玉门还找寻过这个“黑油男孩”，人们都说他就是当年的王进喜。

王进喜故居（图片来源：铁人王进喜纪念馆）

1937年到玉门考察的孙健初(右)、马文·韦勒(中)和费富德·萨顿(左)
(图片来源:《铁人传》)

12岁那年,王进喜不畏强权,到伪区长家讨要他家被霸占的土地。虽然只要回了几丈白土布,却是王进喜与恶势力抗争的一次胜利。

幼年贫穷、饥饿、讨饭的痛苦经历深深地印刻在王进喜的脑海里,磨炼了他的意志,增添了他的勇气和智慧,也成为他感恩新社会、终生报国的一种动力。放牛娃的那段经历影响了他的一生,在以后三十几年的奋斗生涯中,他经常讲"我是个放牛娃",从不忘记自己的苦出身。当上大队长以后,他一再声言自己要当一个勤勤恳恳的老黄牛,为人民服务一辈子,这不能不说与他儿时形成的"黄牛情结"有关。

1938年,王进喜15岁。此时由于抗战的需要,玉门油矿开始开发,王进喜在油矿打短工、扛长工,直到1949年。这期间正是他世界观、人生观、价值观形成的关键时期,10年的痛苦经历让他终生难忘。

玉门油矿地处塞外戈壁，自然条件十分恶劣，“山上不长树，地上不长草，空中无飞鸟，风吹石头跑”是人们对老玉门自然环境的生动描述。尤其是老君庙一带，山高、坡陡、沟深，石油河水穿过几十米高的悬崖峭壁，正如老玉门人常说的“穷山恶水”。因此，有民谣唱道：“出了嘉峪关，两眼泪不干，向前看，鬼门关，向后看，白碱滩。”王进喜虽年龄小，却干着和大人一样的重活，住的是“金窝子”、石窑洞、席棚子，穿的是一张光板羊皮袄，“白天穿，晚上盖，雨天毛朝外”，吃的是稀饭、黑面馍、盐水辣子菜，常年不见油，更别想有肉。这样的生存环境，对正在长身体的王进喜来说非常残酷。无论是运煤、搬石、铲沙、打土坯……样样得和大人一样干，加上他性子直，脾气倔，爱争个高低是非，经常挨工头的打骂，受尽

玉门石油河（图片来源：《石油精神——文献石油70年》）

1939年3月，玉门油矿1号井开钻（图片来源：《玉门油矿史》）

屈辱。

王进喜进矿以后，一段时间内矿上只管饭，不给工钱。到1939年7月才给工资，微薄的工资只能勉强补贴家用，王进喜始终在社会最底层挣扎。在繁重的劳动中，王进喜个子一天天长高，骨头一天天变硬，但工资却没有增加。1947年，王进喜已经24岁了，也没有攒下娶媳妇的钱，还是光棍儿一条。没有办法，父母只好狠下心用17岁的妹妹与别人“换亲”，给王进喜娶了邻村的姑娘王兰英。王兰英虽然个子不高，却身强力壮，由于从小受苦，养成了老实厚道、少言寡语的性格，进门第二天就干活。乡亲们夸奖，公婆满意，王进喜也乐得合不拢嘴。

解放前夕，王进喜心中充满了对自由生活的向往，和工友们一起参加了护矿斗争。正是这苦难的经历和恶劣的生存环境炼就了他刚毅坚韧、倔强不屈的性格。玉门解放时的军事副总代表、解放后长期担任玉门石油管理局的领导、后任石油工业部副部长的焦力人曾说：“解放以后，王进喜在党的教育下觉悟提高很快。在工作中拼命干，有使不完的劲儿，并成为铁人，这是有源头的。他在解放前长期受压迫，对艰苦困难的承受能力特别强，长年累月的苦干苦熬，磨炼出坚韧不拔的韧劲，磨炼出吃苦耐劳的耐力，这就是铁人的基础，铁人精神的源头。”

扫一扫 看视频

2

考钻工　拜师学艺

1949年9月，快速西进的中国人民解放军第一野战军解放了玉门油矿，王进喜和玉门油矿都获得了新生。玉门油矿的解放不仅赶跑了长期欺压和盘剥工人的反动势力，还镇压了个别作恶多端的爪牙，而且从监狱中解救出了几名"四五"事件中因与国民党当局克扣工资进行斗争被捕的工友。发生在眼前的这一切使王进喜深深地感受到新社会和旧社会的不同，感觉到共产党一心为工人、百姓说话，没有共产党，自己还会像过去一样受苦。王进喜下定决心：跟定共产党，誓死不回头。

在此之前，党中央曾指示第一野战军选派得力干部去玉门油矿做军事总代表，正在张掖的王震将军知道三军九师政治部主任康世恩[1]曾在清华大学学过地质，便向解放军总部推荐他并得到了批准。9月下旬，康世恩到玉门油

[1] 康世恩（1915—1995），河北怀安人，历任玉门油矿军事总代表，西北石油管理局局长，燃料工业部石油管理总局局长，石油工业部部长助理，石油工业部主要负责人、党委书记，石油化学工业部部长，国务院副总理兼国家经济委员会主任、党组书记等职务。1960年2月—1965年2月，康世恩兼任大庆油田会战指挥部指挥，对大庆石油会战的胜利做出了不可磨灭的贡献。

1949 年 9 月，人民解放军装甲部队进驻玉门油矿，受到群众热烈欢迎（图片来源：《铁人传》）

玉门油矿职工隆重集会，庆祝解放（图片来源：《玉门油矿史》）

矿任军事总代表。从此，康世恩在党的领导下挑起了经济建设的重担，也与新中国石油工业结下了不解之缘。

1950 年春天，刚刚解放的玉门油矿开始招收第一批钻井工人。解放前，王进喜在国民党统治的玉门油矿干了 10 年，以干杂役为主。在这次招录考试中，王进喜不服输、争强好胜的性格表露无遗。当时，钻井工人是技术含量比较高的工种，招考安排了两个考试项目，一个是文化课，另一个是实际操作。当时大家的文化水平普遍较低，文化课是以念报纸的形式进行的。王进喜因为从来没有上过学，斗大的字不识几个，自然被淘汰了。和王进喜文化程度相当、一起参加招考的工友，大多被安排为后勤等其他工种。虽然被淘汰，但王进喜并不甘心，他发誓一定要当上钻井工人。当时玉门油矿流行一段顺口溜，用四种动物来形容四个工种："钻井是老虎，炼油是狐狸，运输是狼，后勤杂役是绵羊。"王进喜跟别人说："要当就要当老虎，绝不能当小绵羊。"他找领导和主考师傅软磨硬泡，非要当钻工。招考的师傅们看他又瘦又小，估计要是上了钻台，搬动卡钻都很困难，于是就让他先去试一下。没想到王进喜按照师傅的示范和要求，非常轻巧连贯地完成了整个动作。他不仅抬钻杆、提卡瓦等力气活干得出色，而且上了钻井平台后打大钳、拉猫头等动作同样干净利索。第一次操作的王进喜，其动作的协调性、连贯性，善施巧劲的机灵劲，还有他那双滴溜溜转的大眼睛，给师傅们留下了深刻的印象。在这样的情况下，油矿为王进喜特别安排了一次补考，破例招收其为钻井工人。

王进喜成为钻井工人后，虽好学上进，却一时难以克服从小养成的自由散漫的习性。解放了的玉门，民主氛围日益浓厚，这让王进喜产生了一种错觉，认为解放了就自由了，可以想干啥就干啥了。他爱听秦腔，周围无论哪里有秦腔表演，也不管井队闲忙，王进喜必到无疑；他离家近，动不动就回家；油田组织的识字扫盲班，也很难提起他的兴趣。但人们也发现王进喜为人厚道，很孝顺，懂得感恩；干活从不惜力气，又肯动脑子，善于鼓动大家，只要他在，井上的活就干得又快又好。面对这个优点突出、缺点明显的王进喜，井队领导很是伤脑筋。油矿领导根据王进喜的表现，结合他的成长经历分析后认为，这是一个本质非常好、潜力非常大的好苗子，只要加强引导和培养，一定会成长为难得的骨干力量。

为了培养王进喜，油矿领导让全油矿最德高望重的老钻井队长郭孟和做王进喜的师傅。按照要求，王进喜和郭孟和签订了师徒合同，正式拜郭孟和为师。人称“国际石油工人”的郭师傅，1945 年到玉门油矿工作，1949 年参加护矿斗争，迎接解放。解放以后，郭师傅积极参加各项活动，是油矿第一批入党、第一个被提拔为大队长的工人。郭师傅见多识广、积极苦干、公而忘私，是全国石油系统最早的劳动模范，第一届全国人大代表。王进喜跟随郭师傅三年，不离左右。郭师傅不仅悉心指导王进喜应该怎样做事，还教导他如何做人，怎样做一个受人尊重、有家国情怀、能对国家有更大贡献的人。王进喜 1956 年入党，同年 4 月任贝乌 5 队（1205 钻井队的前身）钻井队副队长，两个月后当上队长。郭师傅的精心培养和言传身教开启了王进喜的别样人生，使他完成了个人成长

1953 年，贝乌 5 队成立。当时的玉门油田只有 6 部钻机，贝乌是苏制钻机名称的汉译音，5 队是按井队成立时间顺序命名的。1954 年，王进喜调入贝乌 5 队做司钻。图为当年王进喜和队友们打井的石油沟（图片来源：铁人王进喜纪念馆）

历程中一个质的飞跃。

入党，使王进喜完成了从跟着共产党走到成为共产党员，并且永远奋斗在党的旗帜下的转变；而成为钻井队长，又使他有了一个施展自己才能的舞台。从此，铁人的成长与一支钢铁钻井队的成长紧紧地联系在了一起。

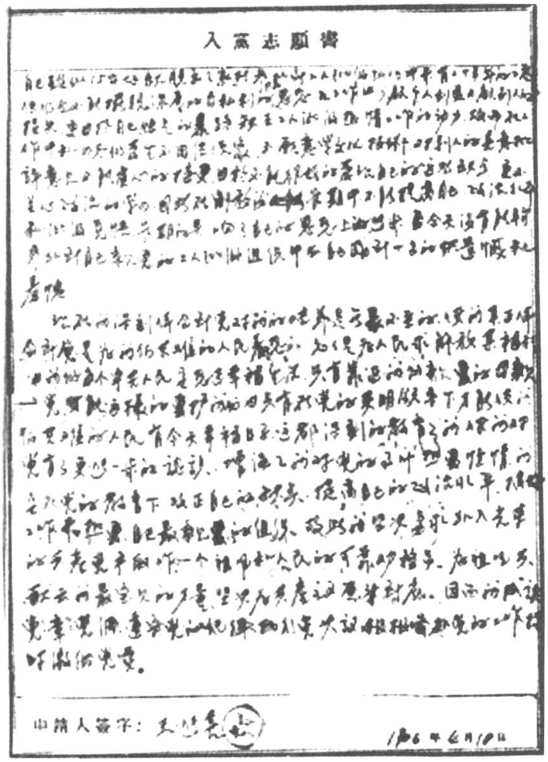

王进喜《入党志愿书》中的一页（图片来源：《铁人传》）

背景资料

郭孟和

王进喜的师傅郭孟和(图片来源:《石油老照片(三)》)

“严师出高徒”,铁人王进喜的师傅郭孟和是新中国石油工人中的第一位劳动模范,1951 年荣获全国工业战线劳动模范称号。在 20 世纪 50 年代,郭孟和的名字和鞍钢的孟泰、哈尔滨的马恒昌一起经常出现在《人民日报》上,是我国石油工业战线的一面旗帜。

郭孟和 1907 年出生,山东即墨人,幼年家境贫寒,12 岁时外出,流落青岛,先后在私人作坊、工厂做工。1927 年逃难到东北,后流落到苏联。1938 年回国后,在乌苏油矿(中苏合营)当钻井工。1945 年到玉门油矿工作,成为技术骨干。1949 年 9 月,人民解放军挺进大西北,解放了玉门油矿,获得解放的石油工人以主人翁的姿态迅速投入战斗。郭孟和参加了军管会组织的工会会员短期学习，向军代表提出了入党要求。1950 年 2 月 8 日，郭孟和被批准加入中国共产党，成为玉门油矿解放后第一批入党人之一。

20 世纪 50 年代初期，在落后的技术条件下，郭孟和率领钻井队，冒着零下 20 多摄氏度的严寒，在海拔 2 600 米的祁连山下凿冰打井，开我国石油史上冬季钻井先例，被誉为“祁连山下冬青树”。他改进 50 型钻机的捞沙绳、猪头绳、泥浆回收器等设备，提高了工效，减轻了工人的劳动强度，在恢复生产和基地建设中屡建功勋。

郭孟和作为石油工人代表参加第一届全国人民代表大会第一次会议
（图片来源:《石油老照片（三）》）

1954 年 9 月 21 日，郭孟和领导的 1207 钻井队以日进尺 234.3 米的成绩，创造了全国日进尺最高纪录。同年，第一届全国人民代表大会第一次会议在中南海怀仁堂召开，郭孟和作为石油工人的代表参加。1959 年他连任第二届全国人大代表，1964 年后连任第四届、五届全国政协委员。有着丰富钻井经验的郭孟和还自觉担负起培养年轻技术工人的任务，严格要求学徒。铁人王进喜就是他带过的众多学徒中的一个。1959 年，王进喜也光荣地出席了全国群英会，和师傅郭孟和一样，成为全国劳动模范。

1955 年，郭孟和开始从事工会工作，先后担任玉门矿务局钻井公司党委第

1966 年 3 月 3 日，石油工业部授予郭孟和“五好标兵”荣誉称号（图片来源:《铁人传》）

二书记兼工会主席、玉门市总工会副主席、玉门石油管理局工会副主席及主席。在领导岗位上，他始终保持一贯的作风，勤勤恳恳，严于律己，胸怀坦荡。

郭孟和在“文化大革命”期间蒙受迫害。1978 年平反后，郭孟和担任玉门石油管理局党委副书记，1979 年被石油工业部树为全国石油战线“学铁人”标兵。看到他年纪大、身体不好，还经常乘卡车下基层，上级特意给玉门石油管理局拨了一辆小车供他专用，但他很少坐，大部分时间都是让别的同志坐着去办公事。郭孟和的老伴身体多病，每次去医院诊治时，他总是叫孩子用自行车把妈妈驮上，自己在后面扶着。有一年春节，二儿子从外地回家过年，大年三十晚上才赶到五华山车站，由于没有通玉门的公交车，他便给当工会主席的爸爸打电话想要车接一下，不料郭孟和不仅没有派车接，还批评了他一顿。儿子只好坐火车到酒泉住了一宿，大年初一才回到家。

1983 年 2 月 9 日，新中国石油工人中的第一位劳动模范郭孟和走完了他光辉的一生。

（资料来源:http://www.cnpc.com.cn/syzs/syrw/201407/acb469b7ee07485a99953e01104a2d61.shtml）

扫一扫 看视频

3 善打硬仗的标杆队长

王进喜之所以能当队长，而且能当一个好队长，身上有几大特点。

一是思想品德好。王进喜与很多人一样，是从旧社会过来的，但并没有沾染旧社会的坏习气。有些人经常把公家东西往回拿，但王进喜从来不沾、不占公家东西；王进喜虽然性子急、脾气犟，但吃喝嫖赌等坏习气一点儿没有。虽然过去有一点儿自由散漫，但是王进喜身上所表现出来的好的思想品德是第一位的。

二是能吃苦。王进喜不仅干活不惜力气，而且从不偷懒。只要有空闲，他就会哪里有活就在哪里干，所有的活，不管是抬钻杆还是调配泥浆等，王进喜都会主动干。

三是有很强的组织能力。王进喜不仅善于组织好当下工作，还能做到干这一班想下一班，经常干今天想明天。这是一般人做不到的，也是他身上一个特别的潜质。

四是有一股永远不服输的劲头。王进喜干司钻时，不允许哪个班超过自己班；当队长后，更不允许哪个队超过自己队。当司钻时，由于队上事故多，他经常跟队友说:“我这个司钻都没脸见人,到食堂吃饭都不好意思。”于是他常给队长提建议,和别的司钻商量改进办法,还经常到别的干得好的队里学习,一心想把队里的事办好。

这样的素质基础是王进喜当好一个钻井队长的先决条件。

1956 年,王进喜担任贝乌 5 队第三任队长(图片来源:铁人王进喜纪念馆)

王进喜担任贝乌 5 队队长后,优点得到充分发挥,很快就把一个全油矿有名的“豆腐渣”队、“烂杆子”队打造成了标杆队。曾经的贝乌 5 队全年完成的钻井进尺还不如油田最先进的钻井队一个月的进尺多。王进喜发挥脑子灵活、能吃苦、会干活、善鼓动的特长,充分挖掘现有设备潜力,团结带领全队人员,瞄准每一个比自己好的队,对照学习,不断查找问题,逐个追赶超越,使贝乌 5 队成为一个敢打敢拼的战斗队、标杆队。

这一切可以从发生在贝乌 5 队的几个典型事例中略窥一斑。

事例一：首创钻机整拖搬家

钻机整拖搬家（图片来源:《大脚印》）

1956年11月，贝乌5队在三角湾打765井，快要完钻时，王进喜接到在765井旁13米开外再打一口新井的任务。按照常规做法，是先拆掉井架，搬移以后再重新把井架竖起来。但王进喜大胆设想：只有13米距离，能否不拆井架直接搬迁？他的这一大胆设想吓了大家一跳，可从未有人这样做过！

王进喜排除大家的顾虑，和技术员一起研究搬迁方案，召集大家反复讨论并完善方案。在上级部门的大力支持下，他们用14台拖拉机做牵引，由王进喜统一指挥，只用10分钟的时间就完成了钻机整拖搬家，而常规做法至少需要一个星期。这次钻机整拖搬家的成功轰动了整个钻井战线，王进喜也因此名噪一时。

事例二:“虎口拔牙”

如果说首创钻机整拖搬家使王进喜初露锋芒,那么1957年3月王进喜“虎口拔牙”的故事则彰显了他敢打敢拼、善打硬仗的作风。1957年3月上旬的一天,钻井公司领导找到王进喜说:“5队现在能打硬仗了,有个硬任务你敢不敢接?”“什么硬任务?”王进喜问。“在319井的边上再打一口319怎么样?”王进喜思索了一会儿说:“行!”领导提醒他说:“这可是个老虎屁股啊!”王进喜信心十足地回应道:“我不但要摸这个老虎屁股,还要拔它一颗牙!”

王进喜与队友在井场合影(左二为王进喜的入党介绍人、贝乌5队第二任队长王家训,右一是王进喜)
(图片来源:铁人王进喜纪念馆)

一提起 319 井，人们马上想起那场大火：1956 年 7 月 1 日晚上 10 点，处在悬崖峭壁边上高压区的 319 井在打到 L 层时发生强烈井喷并引起大火，40 米高的井架像一支通天火把，声震山谷，照红了半边天，400 米外都能感受到烤人的热量，四五十公里远的嘉峪关都能看到火光。井喷不到 10 分钟，巨大的钻塔轰然倒下，井废人伤，损失惨重。现在要在那废墟上再打一口 319 井，可想而知有多么困难和危险，而且由于地形险恶，万一出事连个退路都没有。

王进喜和支部书记孙永臣、技术员田肇雄商量后，先召开了一个党员干部和骨干会，统一思想，树立必胜的信心；然后亲自带队到之前负责 319 井的队里，请技术员讲解当时的情景，查看有关的资料，分析地下情况和出事的原因。经过研究，终于搞清楚发生井喷的主要原因在于观察不细、发现问题不及时、泥浆密度不合理等。之后王进喜组织大家讨论分析，献计献策，形成了一套完整的方案，制定了严密的安全防护措施。最后，经过全队 35 天的拼搏，新的 319 井顺利完钻，胜利实现了“虎口拔牙”的誓言。

事例三：打擂台，创全国纪录

1958 年初，玉门油田开辟了白杨河新油区。当时，钻井队的平均月进尺只有 500 多米，为了争上白杨河，王进喜喊出了“月上千，年上万，祁连山上立标杆”的口号。7 月，贝乌 5 队开进白杨河油区。为了兑现诺言，王进喜直接搬上行李，吃住都在井场，24 小时不离开，他还为自己的这种行为取了个名字，叫“全天滚”。到大庆以后，王进喜也经常这样“全天滚”。为了实现目标，完成在当时看似不可能完成的任务，王进喜不但带领大家拼命干活，还紧抓每个环节和工序，大到地下情况、打井方案、泥浆配比、钻头使用，小到钻杆摆放、丝扣抹

1958 年 10 月，王进喜到新疆张云清钻井队学习，张云清（右二）为王进喜（左二）等介绍经验（图片来源:《铁人传》）

张云清钻井队和王进喜钻井队同台比武打擂（前排左一为王进喜，左二为张云清，两人中间后排为张文彬）（图片来源:《不卷刃的尖刀》）

油，里里外外都不放松。他还开动脑筋，不断进行技术革新，把现有设备的潜能全部挖掘出来。在下了这么多功夫以后，王进喜率领的贝乌 5 队不但突破了“月上千”，而且创造了月进尺 5009. 32 米的全国最高纪录，登上了《人民日报》。

由于成绩突出，贝乌 5 队成为玉门油田保持最高钻井纪录的钻井队，且打遍玉门无对手，也成为玉门《石油工人报》经常报道的先进典型。1958 年 10 月，王进喜代表玉门油田前往新疆克拉玛依油田，和该油田张云清率领的著名的 1202 钻井队打擂台。在新疆，王进喜在会下和同志们广泛交流学习，在擂台上与 1202 钻井队你争我夺，掀起了夺油竞赛高潮，促进了钻井水平的提高和钻井事业的发展。贝乌 5 队因屡创佳绩，被授予“钢铁钻井队”称号，王进喜被评为全国劳动模范。

时任石油工业部部长的余秋里曾说:“王进喜是一个不安于现状、不拘泥于常规、奋发思变的人。”上面三件事就充分说明了这一点。钻机整体搬迁,这是别人想也不敢想的事,他不但想了,而且干成了;“虎口拔牙”的行为说明他是一个智勇双全的人,不光敢担当,而且能担当、有办法;创出全国纪录不光是因为他敢说,还因为他有行动,从设备及人员安排、管理制度和技术革新等方面去挖掘潜力。这一切都说明,经过多年的培养,王进喜已经成为一个智勇双全的优秀的钻井队长,成长为工人阶级的先进代表。

贝乌5队荣获石油工业部颁发的“钻井卫星”红旗,图为王进喜手擎“钻井卫星”红旗(图片来源:铁人王进喜纪念馆)

扫一扫 看视频

4
参加群英会　泪洒沙滩

1959 年金秋是新中国第一个 10 年大庆，举国上下一片欢腾，各项庆祝活动接连不断。9 月下旬，甘肃省劳模会在兰州召开，王进喜既是“钢铁钻井队”的代表，又是省劳动模范，是双料标兵。为了在经验交流会上做好发言，王进喜请求与他一起参会的钻井总工程师彭佐猷帮他写发言提纲。彭总工程师按照王进喜的意思为他写了四句话：一、玉门形势好；二、大家干出的成绩；三、党的领导和培养；四、放牛娃当劳模，社会主义好。王进喜照着这四句话的提纲，在分组会上发言，讲了两个小时，讲得生动活泼、入情入理、头头是道，全组 200 多人都受到了感染，交口称赞。彭佐猷听得入了神，一个劲儿在心里说：“人才，人才，是个难得的人才！”彭佐猷后来回忆：在油田和王进喜朝夕相处，知道他文化程度低，却很会组织，操作、管理和技术全在行，是个实干家，优秀的钻井队长；听了他的发言，感到他很有个性，能在荣誉面前把自己的位置摆正，说明他很有思想，这样的人才就更难得了。

在甘肃省劳模会上，王进喜被推举为国庆观礼代表，同时被推选为代表出席全国工交群英会（全国工业、交通运输、基本建设、商业、财政、金融等部门先

1959 年，王进喜（左一）等全国劳动模范参加国庆观礼
（图片来源：铁人王进喜纪念馆）

1959 年参加国庆观礼的王进喜
（图片来源：铁人王进喜纪念馆）

进集体和先进生产者代表会议）。就这样，王进喜平生第一次穿上崭新的中山装站在了天安门的观礼台上。

在北京，他见到了日思夜想的毛主席，聆听了很多中央领导的讲话。坐在繁星万点、灯火辉煌的人民大会堂里，王进喜心里一股一股地翻滚着热浪。他文化程度低，记不了笔记，就认真听，往心里记。听到时传祥天天按时掏大粪，他就想着干活就得有股扎扎实实的耐心劲儿；听到李瑞环、张百发青年突击队抢时间、创高速的事迹，他又想干工作就是不能等，得抓得紧紧的，拼命往前抢……会上发了两件奖品，一件是三卷《毛泽东选集》，另一件是一支英雄牌金笔。这一件件、一幕幕都使王进喜感到新奇、兴奋，备受鼓舞。特别是第一次见到了毛主席，王进喜激动得睡不着，写下

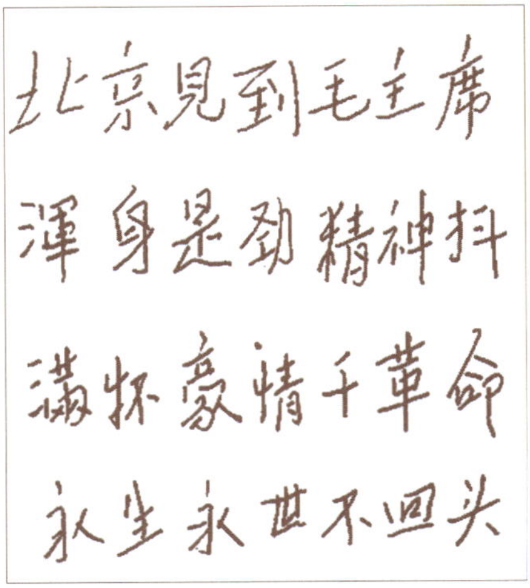

王进喜平生第一首诗
（图片来源：铁人王进喜纪念馆）

了平生第一首诗："北京见到毛主席，浑身是劲精神抖。满怀豪情干革命，永生永世不回头。"

王进喜（左四）和薛国邦（左一）、孙德福（左二）、张云清（左三）在全国工交群英会上交谈（图片来源：《石油老照片（三）》）

不过，接下来发生的两件事却使王进喜这种既激动又轻松愉快的心情变得沉重而愁闷。

其一

群英会上，各行各业的先进代表不断进行交流。随着交流的深入，从来没有出过远门的王进喜发现一个奇怪现象，即在所有的报告和交流中，每当煤炭、钢铁等部门的代表出场或发言时，会场气氛都十分热烈，唯独石油系统的代表出场时会场的反应异常冷淡。正当王进喜纳闷时，有人告诉他这是因为石油系统是全国唯一一个没有完成第一个五年计划的部门。

其二

国庆节后，有关部门组织劳模们参观北京著名的"十大建筑"。一天下午休会，王进喜和几个代表去看天安门，随后又参观故宫。王进喜自小从母亲那里听了不少历史故事，长大后爱听秦腔，又学了不少历史典故，对木兰从军、五虎上将、明成祖定都北京等都知道一些，所以他对故宫有一种特殊的感情，来时就计划看看故宫。参观完故宫以后，从神武门出来，几个人商议再去王府井看看，就顺着景山前街来到五四大街上。他们边走边聊，很快就来到北大红楼附近的沙滩（即今天的银闸胡同北口到北池子北口之间的一片区域）。

1959 年的北大红楼(图片来源:《永恒的石油魂》)

首都的一切对王进喜来说都是新鲜的,他这儿瞅瞅,那儿看看,慢慢地把注意力集中到了来来往往的汽车上。他看到公共汽车车顶上都有一个很大的包,又笨又难看,走得也很慢,便不解地问别人,汽车顶上背那么大个包干啥?别人告诉他,因为北京缺汽油,那个大包是煤气包,供汽车发动机用。听到这话,王进喜立马满脸通红,他说:"你们先走,我在这儿再待一会儿。"王进喜在来北京之前,除了去过克拉玛依油田打擂台以外,从来没有出过远门。在油田,油多得不得了,到处都是油,他从来没有过缺油的感受。现在,他看着大街上来来往往背着煤气包的公共汽车,心想:在北京,在毛主席的脚下,公共汽车都没有油烧,可见国家缺油到了什么程度!王进喜越想越不是滋味,越想越难过,不由自主地低下了头,蹲在大街上抱头痛哭。一个西北大漠造就的硬汉子、钢铁男儿,为此哭了!这是男儿的泪,也是英雄的一种境界。

公共汽车背着硕大的煤气包行驶(图片来源:央视网)

诗人艾青说:“为什么我的眼里常含泪水?因为我对这土地爱得深沉……”只有怀有赤子之心的人,才对国家、民族落后的痛苦体味得如此深沉!王进喜哭了,抱头痛哭!什么叫天下兴亡,匹夫有责?什么叫责任担当?什么叫不忘初心?从这一刻开始,王进喜落下了“病根”,他事后跟别人讲:“国家缺油像千斤重担压得我喘不过气来。我时常想起来,就像有一把锥子扎在我心上,难过心酸。”

在现实生活中,很多人常常在面对自己应尽的责任时选择逃避,把责任当负担,不敢担当。王进喜是个钻井队长,当时还是个工人,按一般人的理解,他能当好队长、创出月钻 5 000 米进尺的全国纪录已经够荣光的了,知道国家缺油,回去再好好干也就够了,可王进喜却把国家缺油当作石油人的耻辱,当作自己的耻辱。他主动把这份责任扛起来,变成推动自己前进的动力。这就是王进喜初到大庆便人拉肩扛的动力来源,这就是一个西北汉子所表现出的男儿气概。从此以后,公共汽车上驮着煤气包的画面时常在他的脑海中出现,成为他后半生为国分忧、为民族争气的动力。

群英会结束后，石油工业部向代表们预告了我国东北发现大油田的消息，受到刺激的王进喜主动找到当时的石油工业部副部长康世恩，坚决要求到东北去开发大油田。康世恩让他先回玉门做一些准备工作，答应到时肯定抽调他到大庆参加会战。

1959 年 9 月 26 日，松基三井喷出工业油流，标志着大庆油田的发现(图片来源：央视网)

1959 年 11 月 8 日群英会胜利闭幕，代表们应邀分别赴山东、河南等地传经送宝。12 月 2 日，王进喜等人回到玉门。回到玉门的当晚王进喜便召集全队开会，他拿出群英会发给贝乌 5 队的奖状，向大家传达国庆观礼见到毛主席的幸福情景和群英会的大会精神，特别讲述了首都汽车背煤气包和祖国各地缺油的状况及代表们要油的呼声。他说："不出玉门，不知道外面有多大，也不知道全国石油有多缺。咱们以前蹲在老君庙的山沟沟里，只看到自己的脚面面、鼻子尖，以为油多得不得了，可这一出去才知道祖国建设大发展，到处都喊油不够用，就连首都也缺油。首都是毛主席、党中央住的地方，油都不够用，咱们这打井采油的，还有啥脸去参加群英会，可真是臊死人……”

说到这儿，他说不下去了，眼里含满泪花。

“怎么办呀？”停了一下，王进喜接着说，“地种不上找农民，火车开不动找铁路，国家缺油问谁去？问我们，这是咱们的责任。从今往后咱们要借群英会东风再加一把劲儿，多打几口井，多采一些油，以新的成绩向毛主席报喜。”

在群英会精神鼓舞下，贝乌5队投入了冬季打井战斗，他们用26天零9小时创造了冬季打井“四开三完”（开钻四口井、完钻三口井）的最好成绩，受到玉门石油管理局和钻井公司的表扬。

与此同时，王进喜还着手准备器材，检修设备，调整人员搭班子，为到东北参加会战做了充分的准备。

从9月下旬离开玉门到省城兰州参加劳模会，再到回到玉门，历时80多天。在北京受到的教育和感染，在全国各地的见闻和交流，使这个过去被封闭在玉门、从来没出过远门的王进喜一下子看到外面的世界，更激发了他深藏心底的家国情怀，使他彻底完成了对新中国从感激到报恩再到做主人的转变。从此，王进喜完全以一个主人翁的姿态站上了历史的舞台。

背景资料

见证历史的北京大学红楼

一座被称作“红楼”的建筑，在中国近现代史上地位赫然，因为中国的命运和走向与她息息相关。

北大红楼矗立于东城区沙滩北街（即五四大街）29号，目光越过灰色围墙，就牢牢地被这座砖红色的建筑所定格。楼身斑驳的色彩仿佛具有一种魔力，让人透过百年岁月的痕迹感受到曾经如火如荼的梦想与激情。

1917年，蔡元培初掌北大，奉行“对于各家学说，依各国大学通例，循思想自由原则，兼容并包”（蔡元培《我在教育界的经验》）的思想，着手改造封建保守的

北大红楼是一座具有革命传统的近代建筑

旧北大。他聘请陈独秀为文科学长，李大钊为北大图书馆主任，胡适、鲁迅等到北大任教。位于沙滩北街的北大红楼始建于1916年，1918年竣工。当时的校长办公室、文科学长办公室、各系教授会、教务会、总务处设在红楼二层，蔡元培、陈独秀、胡适等在这里办公。蔡元培倡导的学生团体如“新潮社”“国民杂志社”“北大哲学研究会”“北大新闻研究会”等设在一层，地下室为印刷厂，许多进步报刊在红楼印刷、出版。红楼由此成为倡导“民主”“科学”的新文化运动策源地。

1919年5月4日，为了阻止北洋政府在《巴黎和约》上签字，北京学界举行游行示威活动，北大学生傅斯年任总指挥。浩浩荡荡的游行队伍从红楼北边的广场出发，冲向天安门广场，从此揭开了中国历史新的一页。红楼也成为反帝、反封建的五四爱国运动的发源地。此后，从“一二·九”运动一直到解放战争时期的历次学生运动都与红楼有关，有70多位革命先烈曾在红楼受到革命的洗礼。

红楼也是最早传播马克思主义的革命圣地和中国共产党的重要发祥地。作为中国最早接受和传播马克思主义观点的人，李大钊将红楼一层的图书馆办成了宣传马克思主义的阵地。据《北京志·图书馆志》记载，“‘少年中国学会’‘马客士（即马克思）主义研究会’‘北京大学社会主义研究会’等团体和毛泽东、邓中夏、赵世炎、张闻天、罗章龙、恽代英、张太雷、张国焘以及天津觉悟社成员经常在这里活动”。

作为在中国近现代史上占有独特地位的重要历史建筑，北大红楼于1961年3月被列为第一批全国重点文物保护单位，2002年还在此开辟了新文化运动纪念馆。

扫一扫 看视频

5
初到大庆三句话成佳传

1960年初，石油工业部部长余秋里点将，调玉门王进喜等带队赴松辽参加石油大会战。图为王进喜在玉门动员大会上发言，请缨石油大会战（图片来源：铁人王进喜纪念馆）

1960年3月15日，王进喜带领钻井队（当时称1262钻井队，后来改称1205钻井队）共36人从玉门出发奔赴大庆，途中在北京换乘。王进喜到北京六铺炕石油工业部见到了部领导康世恩。康世恩告诉他各路人马现在正往大庆集结，时间还来得及，他可以带领队友们在北京多转转、多看看，吃点好吃的，等到了大庆就非常艰苦了，也难得再有机会出来了。可是王进喜一行并没有多停留。他们第一天晚上到北京，第二天去看了故宫，又到沙滩那里看了背着煤气包的公共汽车。朴素的王进喜可能当时并不了解这里正是五四运动的发源地，但站在此处，中华民族优秀儿女振兴中华的血脉却始终相连。晚上 9 点，王进喜就和队友上了火车，直奔大庆。

1960 年 3 月 15 日，王进喜带领钻井队离开玉门油田赴大庆参加石油会战
（图片来源：《石油老照片（三）》）

3 月 25 日，王进喜一行顺利抵达萨尔图火车站。萨尔图，这个清光绪二十九年（1903 年）随东清铁路建成的末等小站，一直是三开道岔，客车一般只停车一分钟，十几平方米的小票房只能待二三十个人。如今一下子来了成千上万的人、成千上万吨的物资，小站变得异常紧张、热闹非凡。到站后，王进喜他们发现小小的萨尔图火车站满是来自四面八方的人，说着南腔北调的话。站台上、铁路沿线到处是等待卸载的车皮，路边堆满了需要运走的器材和设备。一下车，王进喜不问吃不问住，见人就问并派人四处打听：自己的钻机到了没有？

1960 年 3 月，全国支援大庆石油会战的队伍会师大庆（图片来源：铁人王进喜纪念馆）

目前大庆的最高钻井纪录是多少？分配的井位在哪里？这就是后来人们广为传诵的王进喜“下车三句话”。

心情急迫的王进喜来到临时指挥部报到，并了解情况、领受任务。指挥部领导宋振明告诉他，几万人的队伍正在往大庆集结，大量的设备和器材也陆续往这里调运，萨尔图火车站过去只是一个过路小站，非常狭小，运输量又过于集中，钻机什么时间能够到达还无法确定。但让王进喜高兴的是，他在此得知了他们下一步要开钻的萨 55 井位于铁道南的马家窑，离车站只有十几里远。于是王进喜把全队人员分成三组，一组到铁路沿线等待和寻找钻机，一组到井场平整场地，一组到附近村庄安排全队吃住，并在驻地帮助老乡干活。

1960 年的萨尔图火车站(图片来源:《大脚印》)

1960 年 3 月 25 日，玉门石油管理局首批参加大庆石油会战的 1286 人全部到达战区(图片来源：铁人王进喜纪念馆)

王进喜带领技术员郭继贤到较近的萨 66 井了解情况。萨 66

初到大庆，会战职工风餐露宿（图片来源：《石油老照片（三）》）

井是萨尔图构造上的第一口探井。胜利完成萨66井钻探任务、正在搬家的韩队长热情地接待了王进喜一行，向他们详细介绍了全井钻进情况和井下地层情况。王进喜一一记在心里，郭继贤认真地记在本子上。韩队长提醒他们，要提前多挖上几个“卸车台”，并讲解了卸车台的作用和挖法。这个小窍门在他们接下来的人拉肩扛中发挥了不小的作用。在萨66井了解到的情况更加鼓舞了王进喜会战的斗志，坚定了他战胜各种困难的信心。

背景资料

1205 钻井队

1205 钻井队于 1953 年 9 月在玉门油田组建，组建时的名称为贝乌 5 队。在石油系统中，钻井队的番号一般是按钻机的序号排列的。例如，贝乌 5 队使用的钻机是苏联的 БУ-40 型钻机，提升能力为 40 吨，可打井深 1200 米。贝乌是俄语 БУ 的汉译音，5 队是按井队成立的先后顺序排列出来的。王进喜 1954 年调入贝乌 5 队当司钻，1956 年 4 月被提拔为副队长，6 月担任队长，是第三任队长。这个队从 1953 年组建到 1959 年底一直称为贝乌 5 队。

1959 年 12 月，随着使用钻机的变化，钻井队编号改为 1262。王进喜 1960 年 3 月初在托运参加大庆石油会战的设备上都十分显眼地写上了“玉门—萨尔图，1262 钻井队”。直到 1960 年 7 月 1 日，召开“七一”万人大会，庆祝党的生日，总结第一战役经验，再次号召“学铁人”，树立“五面红旗”时，1262 钻井队番号仍在使用。

1960 年 9 月，大庆石油会战钻井指挥部为王进喜钻井队配备了一部国产的中型新钻机，按其编号称为国 -1205 钻井队，从此 1205 钻井队的名字开始叫响。这支英雄钻井队从玉门转战大庆，先后走出王进喜、李新民两代“铁人”；截至2019 年 12 月 26 日累计进尺 303.9 万米，相当于“钻透”343 座珠穆朗玛峰；先后被中国石油工业部授予“铁人钻井队”“钢铁钻井队”“卫星钻井队”称号，荣获中国石油集团公司基层建设“百面红旗单位”、全国“青年文明号十年成就奖”、全国五一劳动奖状、全国先进基层党组织等多项殊荣。有时人们也习惯地将 1205 钻井队称为钢铁钻井队、钢铁 05 队或铁人钻井队。

6
“石油工人一声吼，地球也要抖三抖”的来历

焦急等待一周后，1960 年 4 月 2 日，王进喜和队员们天天期盼的钻机终于到了。可是，没有吊车、拖拉机，汽车也不足，怎样才能把 60 多吨重的钻机从火车上卸下来呢？

王进喜果断地对大家说：“没有吊车，咱们 37 个人就是 37 台吊车；没有拖拉机，咱们 37 个人就是 37 台拖拉机！就是靠大绳拉、肩膀扛，也要把钻机卸下来，运到井场上安装起来！”

一场人与钢铁、力量与困难的较量开始了。三天三夜，王进喜带领队友们把整部钻机拆散，化整为零，用撬杠撬、滚杠滚、大绳拉，硬是靠双手和双肩把钻机卸下火车，装上汽车，最终运到了位于马家窑的萨 55 井井位上。

接下来，更大的困难出现了：如何把钻机安装起来？

王进喜想，早一天开钻就早一天出油。他说：“咱们三十几双手能从火车上把钻机卸下来，也能把钻机拉到两米多高的钻台上去。”放置在地面上的设备可用人拉肩扛加滚杠，累了还能喘口气，可转盘、绞车、变速箱、离合器、带泵轴、

37 岁的队长王进喜同工人们一起奋力拉钻机(图片来源:铁人王进喜纪念馆)

柴油机等大大小小十几件,小的几百斤,大的上万斤,要搬上两米多高的钻台,全靠人力,哪个都不容易。最难搬的还是上万斤的绞车。他们用几根钻杆做导轨,在绞车前部拴牢大绳,把碗口粗的撬杠插入绞车后部,大家各就各位后,王进喜站在钻台上双手高高地举过头顶,猛地向下一挥,大吼一声:“同志们使劲拉呀!”“嘿哟嘿!”工人们和声应道。“绞车往上爬呀!”“嗨哟嗨!”……

钻台上的人双手紧拽大绳,双足死蹬钻台,身体向后猛仰,拼尽全力往上拉;绞车后面的人则把长长的撬杠插在绞车底座下,用肩膀扛住全力往上推。万斤绞车就在王进喜沙哑的吼声中,在三十几名工人的拼命肉搏中一点一点地向上爬,眼看过半了,到达三分之二处了……这是力量与重量的较量,是人与钢铁的肉搏,这是英雄的钻井队工人在向人体体能极限挑战!

正在这千钧一发的紧要关头，两根绷得紧紧的大绳“咔”的一声断了，绞车开始向下滑去，王进喜大吼一声：“快闪开！”只听到“砰”的一声，绞车重重地砸在地面上，震得大地发颤。

这样反复几次都不奏效，王进喜让大家先休息。经过总结，他们发现，面对上万斤重的铁家伙和两米多高的钻台，采用这样的拉法，工人们必须铆足一口气，中间不能歇息，仅靠人力是不可能的。于是有人提议在钻杆上用电焊打上眼，拉一节便用钢筋当销子将其别住，就不会下滑了。经过短暂的休息调整，在王进喜的号子声中，工人们重抖精神，终于将上万斤的绞车拉上了钻台。全队队员硬是靠着人拉肩扛的办法把钢铁大件一件一件地抬上钻台。后来，王进喜又带领大家经过一天一夜的努力，把 40 多米高的井架在荒原上矗立了起来。

人拉肩扛运钻机（图片来源：铁人王进喜纪念馆）

"石油工人一声吼，地球也要抖三抖。"钻井队工人在王进喜（钻台上高举双手者）雄壮的号子声中拼尽全力把钻机绞车拉上钻台（图片来源：铁人王进喜纪念馆）

在人拉肩扛的过程中，王进喜和几个司钻轮流喊着号子来鼓舞全队士气。就是在这个过程中，他们喊出了："咱们一声吼啊！""大地也发抖啊！""钻工干劲大啊！""困难再大也不怕啊！"后来，宋振明帮助王进喜对这些劳动号子进行加工整理，变成了这样一首诗：

石油工人一声吼，

地球也要抖三抖。

石油工人干劲大，

天大困难也不怕！

这就是后来广为传诵的"石油工人一声吼"的诗句，受到了毛主席的称赞。

7 “铁人”称号的由来

王进喜带领钻井队全体工人下了火车就要任务，没有条件创造条件也要上，靠人拉肩扛运钻机。这在他们自己看来没啥，无非是比过去多吃一点苦，可在他们的新朋友、当地的老乡看来可是了不得，其中感受最深的当属王进喜的

王进喜动员大家“创造条件也要上”（图片来源:《铁人传》）

房东赵大娘。

在小屯中，赵大娘是个开明、干净利索的老人，因此生产队长特意把王进喜等几人安排在她家住。赵大娘也以此为荣，想着一定要照顾好这些石油人。但是赵大娘做好热的饭菜，王队长没回来吃过；备上炒好的瓜子、黄豆、爆米花，王队长没来动过；烧好了洗脚水，王队长没回来用过。大娘就直纳闷："王队长这几天干什么去了？这么大冷的天，怎么也不回来睡觉？"

自从钻机到了以后，井场上人拉肩扛的号子声、叮叮当当的钢铁撞击声震动了大地，震动了马家窑。乡亲们都像过去看解放军拉练、运大炮、军马场训马一样，到井场上来看热闹。那震天动地、气吞山河的号子声使人们受到震撼，感到还是"咱们工人有力量"！赵大娘也来到井场，看到了王进喜。只见他脱掉

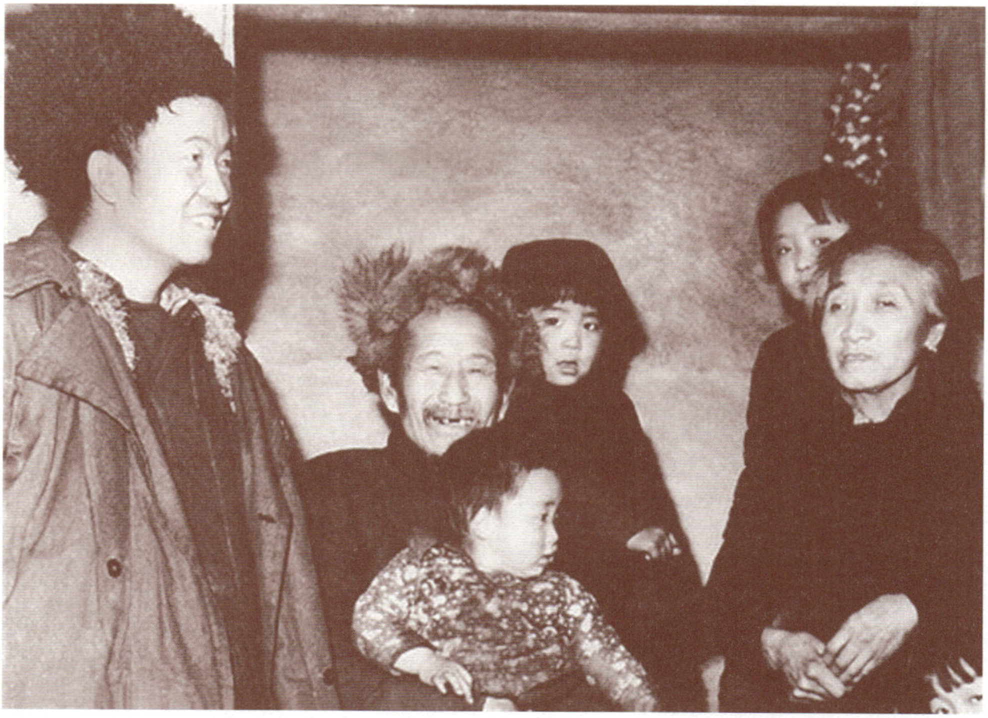

赵大娘看到钻井队工人同钢铁搏斗，从"人是铁，饭是钢"的民谚中悟出一个结论：王队长是个铁人。图为王进喜在大娘家（左一为王进喜，右一为赵大娘）（图片来源：铁人王进喜纪念馆）

了棉工服，只穿单衣站在站台上，嘴唇干裂，嗓子沙哑。他一会儿喊号子，一会儿拉大绳，一会儿用撬杠……有时离大娘很近，但跟他说话根本听不见。看着工人们那撕裂的伤口、满手的血泡和红肿的肩膀，大娘很心疼。回到家中，晚上直到后半夜，大娘还是睡不着，她想：人家都说工人比农民生活好，可这伙钻井工人比农民苦得多、累得多；我活了大半辈子，没见过这么拼命干活的，这王队长可真像个铁人。

萨55井是王进喜到大庆后打的第一口油井，也是大庆石油会战打的第一口生产井。为了多打井、多出油，王进喜又开始“全天滚”。井架立起来了，见王队长还是不回家，赵大娘不放心，于是煮了鸡蛋，做好了饭，提着柳条筐，领着孙女来到井上看望队长，想叫他吃上一顿热乎饭。但到了井场却找不到王进喜，正巧碰上队员许万明，赵大娘说：“人是铁，饭是钢，就是铁人也得吃饭啊！”许万明把赵大娘领到发动机旁的一个泥浆槽子边，她看到王进喜躺在侧放着的泥浆池里，身下铺着稻草，身上盖着羊皮袄，头下枕着一个铁疙瘩钻头，正在睡觉。赵大娘看到在这样艰苦的条件下熟睡的王进喜，回想他几天来为打井不眠不休，非常心疼，不由得说：“你们队长真像个铁人啊！”从此，“铁人”的称号就在油田传开了。

王进喜来到大庆后，下了火车三句话、人拉肩扛运钻机以及房东赵大娘称赞他为“铁人”的事迹，被工作组反映到大队书记李玉生那里，李玉生又汇报给了萨中指挥部党委副书记李光明。了解情况的李光明和李玉生一起在党委会上做了汇报，第三探区党委书记兼指挥宋振明听完后果断地说：“大娘叫得好，王进喜当之无愧！我们立即向上级汇报！”余秋里听到王进喜的故事后非常兴奋，听到房东大娘把王进喜称作“铁人”时，他拍着大腿激动地说：“好！‘铁人’叫得好，我们就把王进喜称为‘铁人’，我们正需要这样的铁人，我们不光要把他叫作‘铁人’，而且要‘人人学铁人，人人争当铁人’。”

余秋里认为，一个民族要有民气，一支队伍要有士气，一个人要有志气。而要树立这三股气，一要靠领导严格要求和不断培养，二要有好的典型来带动。过去打仗时每次战役都会出现一批带头往上冲的杀敌英雄，一个好典型比领导做 100 次报告还管用。这场大会战面临的不是一般的困难，需要全体职工拿出战争时期那种不怕死，不怕苦，勇于舍命往上冲的牺牲精神，有一种敢于压倒一切敌人而不被敌人所压倒的英雄气概。目前会战队伍主流是好的，但也存在不少问题。有的干部一下火车不问任务，不管队伍，先打听中灶在哪里；有的井队遇见困难不是想办法克服，而是坐等条件，等吃、等住、等吊车、等拖拉机、等材料、等钻头、等专业队伍配合……王进喜这种“有也上，无也上，天大的困难也要上”的精神，不正是现在所需要的吗？

大庆石油会战第一次油田技术座谈会（图片来源：铁人王进喜纪念馆）

1960 年 4 月 9—11 日，油田会战指挥部召开第一次油田技术座谈会，王进喜参加了这次会议。

戰報

第2号

油田技术座談会胜利閉幕

余部長号召全面開展“六大”運動

学习“鉄人”王进喜　人人作“鉄人”

第二版　戰報

“鉄人”王进喜是我們劳动和生活中的一面紅旗

第三探区指揮部指揮　宋振明

刊登会议消息的《战报》(上为第一版，下为同期第二版上刊登的探区指挥宋振明介绍铁人事迹的文章)(图片来源:《铁人传》)

在会议快要结束时，余秋里突然高声喊道:“王进喜来了没有？”王进喜坐在后排，紧张地喊道:“我来了。”余秋里让他走到前排，站在自己身边，把他到大庆后下车三句话、人拉肩扛运钻机、破冰端水保开钻，以及房东大娘称王进喜为“铁人”的事迹一一讲述给大家听。余秋里说，会战刚刚开始，几万名石油职工一下子集中到这片荒原上，很多条件还不具备，没吃的、没住的，生产和生活困难重重，国家这么缺油，可有些人还在等，等这等那……他一口气说了 18 个“等”字。余秋里讲完王进喜的故事后，带头在会场上高呼口号:“向铁人学习！人人争做铁人！”在口号声中，王进喜被大家高高抬起，绕会场传递了一圈。最后，余秋里激动地高声说:“我们每个队、每个单位、每个人都要向铁人王进喜学习。像他那样保持革命战争时期那种敢于冲锋陷阵、英勇牺牲的精神和压倒一切困难而不被困难所压倒的英雄气概。要人人学铁人，人人做铁人，高速度、高水平拿下大油田！”

王进喜在“学铁人”现场会上做报告(图片来源:《铁人传》)

会议决定在全油田开展“向铁人学习,人人争做铁人”的活动。4 月 16 日,油田会战的报刊《战报》第二期刊出社论——《学习“铁人”王进喜人人作“铁人”》。从此,一个“学铁人、做铁人”的热潮在油田蓬蓬勃勃地开展起来。

背景资料

余秋里

余秋里(1914—1999),江西庐陵（今吉安）人,国务院原副总理,中国人民解放军原总政治部主任,新中国石油工业的创建者,经济工作的杰出领导人,中国人民解放军卓越的政治工作领导者,中国人民解放军高级将领。

余秋里 1929 年 10 月参加革命,参加了湘赣苏区反“围剿”和创建湘鄂川黔革命根据地的斗争。1935 年 9 月参加长征,在一次激烈的战斗中失去一条胳膊,后被誉为“独臂将军”。新中国成立后,任中国人民解放军总后勤部政治委员。1955 年,被授予中将军衔。

20 世纪 50 年代后期,随着中苏关系恶化,苏联逐渐卡紧了对中国原油供应的脖子,全国石油供应十分匮乏,以致严重影响了国计民生。为此,中共中央决定派一员得力干将去寻找石油,以解燃眉之急。彭德怀等力荐余秋里担纲负责,毛主席亲自接见余秋里。1958 年 2 月,余秋里脱下穿了几十年的军装,任石油工业部部长、党组书记。1960 年 2 月—1964 年 12 月,余秋里兼任大庆石油会战指挥部工委书记,全面领导了波澜壮阔、气吞山河的大庆石油会战,倡导学习《实践论》《矛盾论》,用辩证唯物主义方法开发大油田,培养出“三老四严”“四个一样”等作风。大庆石油会战的成功,不仅一举解决了中国原油紧缺问题,还培育出了大庆精神和铁人精神。大庆油田的建成极大地改变了当时中国石油短缺的局面,为中国的工业化和经济发展提供了重要支撑。

宋振明

宋振明（1926—1990），河北馆陶人，1942年加入中国共产党。历任玉门矿务局运输处处长，玉门石油管理局采油厂厂长、党委书记，大庆石油会战指挥部副指挥，石油化工部副部长，石油工业部部长，国家能源委员会副主任，中国石油天然气勘探开发公司总经理等职。

在大庆石油会战期间，宋振明先后担任第三探区党委书记兼指挥、会战指挥部副指挥。宋振明常年在第一线组织指挥生产建设，亲身实践并身体力行“三老四严”“四个一样”的优良作风，培养“铁人”式的职工队伍。他曾亲自下基层蹲点，同工人们一起总结经验教训，为首创岗位生产责任制做出了重要贡献。他为新中国石油工业的发展呕心沥血、艰苦奋斗，付出了毕生的精力，建立了不可磨灭的功绩。

宋振明（左）在井场上和王进喜（中）谈工作（图片来源：《铁人传》）

扫一扫 看视频

8

著名的“铁人一口井”

自 1960 年 4 月 2 日钻机到达萨尔图火车站，王进喜就带领着大家昼夜不停，人拉肩扛，连续奋战，终于在 4 月 6 日把钻机竖了起来。但要早开钻、早打井，还必须加固钻机、校泵调表、连接管线、准备钻具、维修保养柴油机、连接传动轴等，同时还要解决泥浆池的水源问题。苦战一个接着一个，而 1205 钻井队从玉门出发时就经过了精简，人员本身不够，同时粮食供应紧张，定量缩减，肚子都吃不饱，真要开钻了，人员紧张，倒班都是个问题。恰在这个时候王进喜得到一个消息，说有一个刚到来的钻井队，因为钻机来不了，变成了“徒手队”，无处可去。王进喜立马赶到他们的住处，把 16 个人全部收编到了 1205 钻井队。正当王进喜要甩开膀子大干时，一个意外情况出现了。

队员马万福在挖泥浆池时在冻土层下发现了一颗“大萝卜”，尝了一口又甜又脆，就叫大家来吃。四五个工友围起来抢着吃，还觉得挺解渴。可到吃午饭时这些人有了反应，感到胃里、食道里火辣辣的难受，一阵阵恶心，想吐。一位老乡听了急忙来看，说：“不好了，你们吃的不是萝卜，是‘狼毒根’，这东西有毒。”果然，下午这些人都病倒了，有的发烧，有的呕吐，有的头晕，个个浑身乏力。支部书记孙永臣知道后急忙要车把病号送到了萨尔图医院。医生说这种狼毒根毒性很大，如不及时治疗，24 小时内会有生命危险。王进喜听完吓出一身冷汗，急切地请求医生好好治疗。医生抓紧时间给大家洗胃、开药、打吊针，经过一夜的折腾，大部分人出了院，只有马万福到第二天中午才脱离危险。

这个意外事件的出现对少数工人的思想情绪产生了不小的影响，个别队员甚至把吃狼毒根和粮食定量不足联系到一起，说因为吃不饱才去吃狼毒根。有些队员感觉连续奋战太苦，而来自“徒手队”的新队员则认为王进喜要求严格，怕日后受累。有一位从玉门来的队员家里遇到困难，认为这里条件比玉门差，闹着要回玉门。针对这些问题，王进喜和孙永臣一起召集大家开会，学习《实践论》《矛盾论》，让大家畅所欲言。

戰報

第1号

部机关党委关于学习毛泽东同志

所著“實踐論”和“矛盾論”的决定

会战党委（当时称石油工业部机关党委）做出学“两论”的决定（图片来源：《铁人传》）

最后王进喜总结说："大家说的都有些道理。这些矛盾，比如生活困难、生产条件差，从我们这个小圈子来说好像是主要矛盾，但从全国形势来看，从大会战的要求来看，我看它不是主要矛盾。现在困难大、矛盾多，但要从全局来说，这困难那困难，国家缺油是最大的困难，千矛盾万矛盾，祖国建设急需要油，而国家又缺油，这是最主要的矛盾。只要我们不怕苦、不怕累、坚持干，这个矛盾迟早会解决。"针对闹着要回玉门的队员，王进喜又个别谈心并解决了他的困难。如此，大家的思想得到了统一。

思想问题解决了，王进喜和队友们又遇到了新的困难：开钻需要大量的水。在前期调研时，松辽石油管理局同行曾告诫他们，在这里打井有两点要特别注意：一是上部地层要注意防漏，二是六七百米处要注意防喷。遇井漏时不能停钻，发现气侵现象要快速循环泥浆以防止井喷，这里关键的关键是要储备大量的水。水的作用有三：一是给钻头降温；二是把钻下来的岩屑由井底带到地面；三是用适当密度的泥浆压住高压水层、气层、油层，不让它喷。因此，需要大量的水。钻井本身需要水，防止井漏、井喷需要更多的水！保证开钻，至少需要60吨的水。

王进喜带头运水（图片来源：铁人王进喜纪念馆）

没有输水管线，没有运水罐车。王进喜告诉大家："就是尿尿都要打井！"为了保证开钻，他们在井位旁打了几口水井，但水量根本不够，于是全体队员用洗脸盆、水桶，一盆盆、一桶桶地从几里外的水泡子往回端水，附近的群众和干部也加入运水的队伍中，从而满足了开钻所需 60 吨水的要求，保证了及时开钻。

机关干部和老乡们也来支援，帮 1205 队运水（左三为王进喜）
（图片来源：铁人王进喜纪念馆）

开钻前的一切都准备就绪了，王进喜又带领大家从钻头、钻具、柴油机、泥浆等大的方向上仔细检查，就连绷绳固定得紧不紧、平台栏杆牢不牢这些细节也都看到、摸到、试到。开钻前一天晚上，他专门召开全队动员大会并对有关工作做了细致安排。

4 月 14 日一大早，高高的井架上红旗迎风招展，井场四周插满了彩旗，中间的一个包装箱是“主席台”，上面竖着块大黑板当横幅，写着：“庆祝萨 55 井胜利开钻！”两边还用红纸贴了一副对联：

上联　誓夺班进三百日进五百三天上千五天打完一口井

下联　深入开展六大运动力争高速度高水平拿下大油田

横批　向党报喜

下联所说的“六大运动”是指余秋里在第一次油田技术座谈会上提出的要大力开展以“大搞技术革命，大表演，大竞赛，大评比，大检查，大学毛主席著作”为主要内容的“六大运动”，并且提出来要力争高速度、高水平拿下大油田。

兄弟井队也到现场观摩学习，宋振明指挥亲自到场并讲话。

上午 8 点整，王进喜下令：“开钻！”

1960 年 4 月 14 日，萨 55 井举行开钻典礼（图片来源：铁人王进喜纪念馆）

为打好会战第一口井，他们克服一个又一个难题，闯过一道又一道难关，到4月19日上午胜利完钻，只用了5天零4小时，实现了3天上千、5天完钻的目标，创造了当时的最高纪录，这也是1205钻井队到大庆的第一个纪录。

这口井于5月20日投产，用小油嘴控制日产原油19吨。以后随着整个油田开发方案的落实，调整配产方案，最高日产达113吨，几十年来已为国家生产原油20多万吨。

这是一口英雄井！英雄的铁人在此诞生。这里也是大庆精神、铁人精神的发祥地。如今人们把这口井称作“铁人一口井”，曾在这里建过铁人事迹陈列馆和铁人王进喜同志纪念馆，办过展览，保留了当年王进喜和工人们挖的卸车台、水井、泥浆池等。

背景资料

铁人一口井

“铁人一口井”是大庆为数不多的自喷井之一，也是目前自喷时间最长的油井。“铁人一口井”也称萨55井，是铁人王进喜于1960年4月率领1205钻井队(时称1262队)到大庆参加石油会战时打下的第一口井，也是大庆石油会战打的第一口井，是英雄称号“铁人”的产生地、铁人精神的发源地。“有条件要上，没有条件创造条件也要上！”在生产和生活条件都十分恶劣的情况下，王进喜带头喊出了影响一代又一代大庆人的豪迈誓言，并以大无畏的气概和冲天干劲创造性地人拉肩扛运钻机、破冰端水保开钻，克服重重困难，仅用5天零4小时创造了当时世界石油钻井史上的奇迹。“铁人一口井”被列入《中国名胜词典》。

2004年3月，“铁人一口井”被中国石油天然气集团公司确定为“企业精神教育基地”。

2015年9月26日大庆市创业纪念日这天，全国重点文物保护单位“铁人一口井井址”揭牌仪式在原铁人纪念馆院内隆重举行，“铁人一口井井址”被国务院确定为第七批全国重点文物保护单位。

2018年，工业和信息化部确定第二批国家工业遗产名单并予以公布，“铁人一口井”成为大庆市首个入选国家工业遗产名单的项目。

2019年12月16日，中国石油天然气集团公司“企业精神教育基地”更名为“石油精神教育基地”，“铁人一口井”位列其中。

现在，“铁人一口井”仍以它独特的魅力向人们展现着铁人精神的光辉！

“铁人一口井”已被列为国家和省级爱国主义教育示范基地，这里产生了

铁人一口井

水井

贝乌 -40 型钻机

卸车台

地窝子

大庆石油会战艰苦奋斗的“六种精神”之一——人拉肩扛精神。这一精神和后续产生的“干打垒”精神、五把铁锹闹革命精神、回收队精神、修旧利废精神、缝补厂精神一起被称为大庆艰苦创业的“六个传家宝”。“六个传家宝”一直激励着大庆人顽强地克服生产过程中不断出现的新困难，它所体现的艰苦奋斗、勤俭节约精神，在新的历史时期仍要传承和发扬。

（资料来源：https://xw.qq.com/cmsid/20190412A0MBT600?f=newdc）

人拉肩扛精神

人拉肩扛精神是指在生产和工作缺乏常规保证的条件下，充分发挥人的主观能动性，用非常规的办法克服困难的艰苦创业精神。

大庆石油会战初期，广大会战职工面对“头上晴天一顶，脚下荒原一片”的自然环境，在物资严重缺乏的情况下，学习和发扬铁人王进喜与1205钻井队的人拉肩扛精神，以“有条件要上，没有条件创造条件也要上”的英雄气概，开启了大庆石油会战。

（资料来源：https://www.sohu.com/a/301113566_99962416）

“干打垒”精神

“干打垒”精神体现了大庆石油会战初期，广大干部职工因陋就简，解决居住困难的艰苦创业精神。

大庆油田原是以畜牧为主的嫩江草原，村落稀疏，气候酷寒，最冷时达零下40摄氏度。1960年3月到5月份，4万多人的石油会战队伍在短短3个月的时间里，一下子集中到荒无人烟的大草原上，居住条件十分艰苦。不解决居住问题，就无法坚持会战。

经过调查研究，会战指挥部决定采用“干打垒”方案。所谓“干打垒”，就是北方农村都有的、最简便的、用土作为原料建筑的房子。这种房子，一是可以就地取材，二是可以人人动手，三是可以节省木材，四是冬暖夏凉。会战指挥部动员全油田各单位从6月1日开始，采取组建部分专业队伍和广大

红旗一村“干打垒”群是大庆精神、铁人精神的重要发祥地和传承地，具有独特的文物价值，2014年被黑龙江省列为文物保护单位

职工、家属自己动手，因陋就简，就地取材，盖“干打垒”，解决了会战队伍的受冻问题

职工义务劳动自建相结合的形式盖“干打垒”。

由于群众发动充分，各级领导干在前面，上上下下的积极性都发挥出来了。从6月份全面铺开到9月底为止，历时120天左右，全油田建设完成了近100万平方米的“干打垒”住房，真正实现了会战指挥部提出的“人进屋、机进房、车进库、菜进窖”的目标，保证了石油大会战的进行。

（资料来源：http://sydj.cnpc.com.cn/sydj/syct/201807/0e5745c3d805437695c9bc3b9fe91661.shtml）

五把铁锹闹革命精神

大庆石油会战初期，正值国民经济困难时期，各方面条件都很差，主、副食品供应不足。为渡过难关，会战工委号召广大家属组织起来，发扬南泥湾精神，像革命战争时期那样自己动手、丰衣足食，大搞农副业生产。这一号召得到了职工家属们的拥护。

1962年4月，钻井指挥部机关职工吕以连、王秀敏、杨学春、丛桂荣，在45岁家属薛桂芳的带领下，扛着铁锹，背着行李，抱着孩子，到远离住地30里外的地方去开荒种地。在五把

“五把铁锹”留影（从左到右分别为王秀敏、丛桂荣、薛桂芳、杨学春、吕以连）

铁锹闹革命精神的带动下，家属参加农副业生产劳动蔚然成风，五把铁锹发展为万把铁锹。到 1965 年底，已有 95% 以上职工家属参加了集体生产劳动。家属垦荒队的成绩获得了肯定，石油工业部奖给她们一面“发扬穷棒子精神，走自力更生道路”的锦旗。

（资料来源：http://dq.wenming.cn/trcs/201901/t20190115_5649032.htm）

缝补厂精神

缝补厂精神是艰苦奋斗、勤俭节约的光辉典范。1960 年冬天是大庆石油会战最艰难的时候，几万人一下子来到了千里冰封的大荒原，衣食住行遇到了数不清的困难。衣服破了顾不上补、脏了顾不得洗，手套磨得露了手指头还照样在冰天雪地里劳动。看到这种情况，后勤工人和职工家属积极响应上级党组织的号召，千方百计为一线职工分忧，解决困难。

在会战工委的支持下，共产党员鄢长松等三名转业战士和曾阳春等五名职工家属在两座破旧牛棚里办起了缝补组。没有设备，就找来两口大锅，一口烧热水，一口煮油工服；没有洗衣盆，就用喂牛的木槽子代替；没有针线剪刀，就从自己家里拿；缺少补丁布，就背着麻袋去捡破烂……就是凭着这股子劲，缝补组第一年就拆洗了上万件劳保用品。

1962 年底，会战工委决定把缝补组扩建为缝补厂，增加人员，扩大劳保用品的生产，使油田工人的劳保用品基本上达到自给。据统计，从缝补厂创办之初到 1978 年期间，共计为油田职工提供各种劳保用品 350 多万件，节约棉布 90 多万件、棉花 90 多万斤、纽扣 200 多万个，折合资金 350 多万元。

越是朴素的，越是恒久的。“新三年，旧三年，缝缝补补又三年”“把‘一拆一手油，一抖一身灰’的旧工服收回来翻新补旧”……一针一线成就了广为流传的缝补厂精神，成为大庆人艰苦奋斗、勤俭节约的生动写照。

破旧牛棚里建起缝补厂

（资料来源：http://news.dqdaily.com/2019-05/23/content_5651291.htm）

回收队精神

回收队精神是在大庆石油会战时期，广大干部职工坚持“艰苦奋斗，勤俭建国”的方针，利用业余时间对大量废旧物资进行回收利用的勤俭节约精神。

会战之时，国家正处在困难时期，虽然国家为会战提供了大量物力财力，但是仍不能满足当时的需求。1969 年 7 月，在王进喜的提议下，当时的钻井指挥部组建了油田第一个废旧物资回收队，命名为“大庆回收队”。

1969 年至 1971 年两年间，在铁人王进喜的亲自组织带领下，回收队回收了大量废旧物资和器材、设备，共计 5 500 多吨，价值 300 多万元，用于支援大庆各油矿和企业生产、技术革新、民用生活设施等项目。其中，清理各种管线 8 万余米，选配钻井设备和工具 200 余种，修复管线 1 万余米。

大庆回收队因设备和物资的匮乏而生，回收来的设备和物资经过修旧利废，做到了一物多用，体现了大庆石油人艰苦朴素的革命本色，展现了大庆石油人的聪明才智。在丰衣足食的今天，我们同样需要发扬回收队精神，从自己做起，从点滴做起，人人节约，为国分忧，为建设我们强大的祖国添砖加瓦，贡献力量，做自强不息的中国人。

1969 年 7 月，大庆回收队成立留影

（资料来源：http://www.dqdaily.com/2019-10/15/content_5775427.htm）

修旧利废精神

修旧利废精神指厉行节约、勤俭办企业的创业精神。会战初期，大庆人坚持“勤俭建国、勤俭办企业”的原则，注意搞好废旧器材的修复工作。

随着油田生产规模的日益扩大，器材和设备的消耗量逐年增加，每年都有很多的废旧器材要进行报废处理。为了挖掘企业内部潜力，做到物尽其用，1963 年供应指挥部率先成立了修旧队，利用废旧材料修建简易厂棚，修复台钳、手钳、焊机等工具，承揽修复那些生产急需而又供应短缺的物料，满足生产建设的需要。

1970 年以后，各生产单位普遍建立了修旧利废车间、修旧小组等，大搞清仓查库、修旧利废，力求做到小材大用、短材长用、优材精用、缺材代用、一物多用，“吃干榨尽”。例如，汽车修理厂的“修旧大院”就是由一个修复组逐步发展起来的，自制各种土设备 20 多台，建立了以焊、补、喷、镀、铆、镶、配、改、校、粘为主体的修复作业线，担负起各种汽车配件修复工作。仅 1970 年至 1976 年就修复汽车配件 94 种 23 万多件，节约 520 万元，其中汽缸体、水箱、工字梁、方向盘、瓦片等 20 多种配件实现了 10 年不领新料，满足了生产需要。

（资料来源：http://www.dqdaily.com/2020-06/02/content_5843939.htm）

9
“宁肯少活20年，拼命也要拿下大油田”的出处

为了解决国家原油短缺问题，大庆石油会战是在边勘探、边设计、边调集人员和物资的情况下仓促上马的。用今天的眼光看，当时的会战是在完全不具备条件的情况下展开的。经过一些必要的准备，1960年4月29日，天气晴朗，风和日丽，在离萨尔图火车站约500米的一处空地上，会战指挥部召开了“五一万人誓师大会”（石油大会战誓师大会），发布动员令，宣布石油大会战从5月1日正式开始。后来人们把这里称作“万人广场”。

为了开好这次大会，4月26日、27日会战指挥部指挥康世恩在一座牛棚里开了一次创纪录的长会，听取汇报。他要求这次大会要开得内容充实、目标明确、典型突出，在形式上要隆重热烈、生动活泼，要把铁人这面旗帜高高地举起来，把学铁人的气氛搞得浓浓的。康世恩还出了一个主意，要像当年晋察冀根据地聂荣臻司令员表彰战斗英雄那样，让王铁人披红戴花，骑高头大马，绕场一周。此想法获得余秋里的高度认同，余秋里还进一步要求说，要把气氛搞得

石油大会战誓师大会(图片来源:《永恒的石油魂》)

像古时候中状元一样,敲锣打鼓,让我们的英雄典型骑高头大马,披红戴花,受万人敬仰,只有这样才能使英雄层出不穷。

会议定于29日上午10点正式开始。凌晨3点,各探区和总部的人就乘火车、汽车奔向会场。而凌晨4点,王进喜却带领1205队的工友们在萨55井的井场指挥搬家。他要早搬家、早安装,让第二口井早开钻。他和支部书记孙永臣商量,29日清晨先放井架,放完以后一半人开会,一半人留下继续工作。可万万没有想到的是当王进喜正全神贯注地指挥放井架时,从背后飞快滚来一根钻杆砸在他的右腿上,把腿砸伤了。他忍着剧痛放完井架,然后坐着孙永臣从生产队借的一辆马车到了会场。

此时，万人誓师大会会场已是人头攒动，锣鼓喧天。临时搭起的主席台正中悬挂着毛主席的巨幅画像，两边是鲜艳的五星红旗，会场周围插着几十面迎风招展的彩旗，摆满了报捷的图表和模型，各探区代表按单位呈方阵坐在场地上，秩序井然。

上午10时整，大会在震撼山河的礼炮声和雄壮的《社会主义好》军乐声中开始了。这时以红旗和锣鼓队为先导，17个一级红旗单位、14个先进单位的代表和223名红旗手步入会场。铁人王进喜披双红、戴大花，骑着匹枣红色的高头大马，由三探区办公室副主任张延明牵马，从松枝搭成的“英雄门”进入了会场。刹那间“向铁人王进喜同志学习！”“向铁人王进喜同志致敬！”“人人学铁人，人人做铁人！”的口号声响彻云霄，高亢的锣鼓唢呐声震天动地。

万人誓师大会上，王进喜经过主席台（图片来源：《石油老照片（三）》）

一旗高举万旗红，万人誓师大会把“学铁人”活动推向了新的高潮。从此，王进喜由一个劳动模范成长为大庆石油会战中先进群体的杰出代表，成为冲锋陷阵的会战先锋，成为大庆油田妇孺皆知的英雄人物，成为大庆人的骄傲和自豪！

王进喜在簇拥下绕场一周，接受万人的欢呼和庆贺，在场职工无不为党给予工人阶级先进代表这样高的荣誉而感到光荣和骄傲。随后王进喜作为主席团成员被请上主席台，坐在余秋里和康世恩中间。

王进喜(后排举花者)披红戴花骑大马，接受检阅和祝贺(图片来源:《铁人传》)

大会首先由余秋里部长做动员报告。这位身经百战的将军总结了备战阶段所取得的成绩，阐述了油田的大好形势和组织大会战的伟大意义，提出了会战的任务和要求。他还不时地高举起单臂，做着各种有力的手势。他用极为简练的语言讲了铁人王进喜的事迹，再一次号召“学铁人、做铁人”。康世恩副部长代表石油工业部党组和会战指挥部发布5月和6月份第一战役的会战动员令。

王进喜身戴大红花进入万人誓师大会会场
(图片来源:铁人王进喜纪念馆)

接着是先进单位代表讲话和比武打擂。首先由铁人发言。王进喜强忍腿痛，像没事人一样走到台前，对着麦克风，向着坐在场上的万名工人大声地说："盼了多少年了，大油田终于找到了，我们1205队一定要创造条件，快安装，早开钻。石油工人一声吼，地球也要抖三抖！我们要把地球钻穿，让大油海翻个儿，把大'金娃娃'抱出来！""人活一口气，拼死干到底。为了把贫油落后的帽子摘掉，"说到这里，王进喜摘下前进帽举过头顶，高声说，"宁肯少活20年，拼命也要拿下大油田！"这就是铁人面对万人发出的誓言，他的话再次激起了万人欢呼。

王进喜带领1205队来到大庆。面对一望无际的大荒原，他兴奋地吼道："这回咱们掉进大油海里了，甩开膀子干吧，把贫油落后的帽子甩到太平洋里去！"（图片来源：铁人王进喜纪念馆）

背景资料

一旗高举万旗红

继1960年4月16日《战报》刊发《学习"铁人"王进喜 人人作"铁人"》后，4月29日的石油大会战万人誓师大会又把"学铁人"运动推向高潮，使学习活动一浪高过一浪。1960年7月1日，建党39周年庆祝大会上又树起"王、马、段、薛、朱"五面红旗。7月28日，石油工业部机关党委做出《关于开展学习"王、马、段、薛、朱"运动的决定》，称赞他们是全战区的"五面红旗"，号召全体参战职工向他们学习。

"五面红旗"中除了铁人——1205钻井队队长王进喜外，其他四位分别是：从新疆来参加会战的1202钻井队队长马德仁，他创造了"清水开钻"新方法，1960年6月取得了开钻4口、完井4口的最好成绩；从四川来参加会战的1206钻井队队长段兴枝，他在运力不足的情况下创造出"钻机自走"的奇迹；来自玉门的老采油队队长薛国邦，他在5月的寒风中，手持蒸汽管下

1960年7月1日，油田召开万人大会，庆贺党的生日和第一战役胜利。1205队受到表彰，队长王进喜（左一）、指导员孙永臣（右二）骑马戴花，在"王"字帅旗及众武士簇拥下进入会场（为英雄牵马的领导同志，左为孙希廉，右为田亮德）（图片来源：《铁人传》）

到1米多深的油池里，化开凝结的原油，保证了“六一”首车原油外运；工程队队长朱洪昌，在发现供水管线漏水后，他一边用双手捂住裂缝，一边忍着灼烧的疼痛，让焊工在自己手指缝里焊接。

大庆石油会战“五面红旗”（从右至左依次为：王进喜、马德仁、段兴枝、薛国邦、朱洪昌）（图片来源：铁人王进喜纪念馆）

一旗高举万旗红，一个“学铁人，学‘五面红旗’”的活动在千里油田迅速展开。大家比、学、赶、帮、超，一个铁人走在前，千万个铁人跟上来。面对学英雄、赶英雄的热火朝天场面，工人们写诗赞扬：“一面红旗红一点，五面红旗红一片，百面红旗迎风飘，红遍松辽大油田。”铁人王进喜及“五面红旗”先进榜样的树立，对于加快油田开发，夺取石油大会战的胜利，产生了巨大的推动作用。

“一个铁人走在前，千万个铁人跟上来”巨幅浮雕
（图片来源：铁人王进喜纪念馆）

扫一扫 看视频

10

定格在泥浆池的英雄

王进喜留给世人最深的印象就是他不顾腿伤，带头跳进泥浆池里，用身体搅拌泥浆压制井喷的难忘瞬间。

王进喜受伤不下火线，拄着拐杖在第二口井上指挥搬家、安装及打井（图片来源：《铁人传》）

这是 1960 年 5 月，1205 钻井队打第二口井时出现的情景。王进喜在拆第一口井的井架被钻杆砸伤右腿之后，带伤奋战在井场不肯住院，还要求全队保密。支部书记没办法，报告了上级，王进喜才被迫住进医院，但经过简单包扎后他又偷偷跑了回来。第二口井地处高压区，王进喜不放心，他把防漏、防喷当作重点，指挥大家挖了两个大水池并储满了水。技术人员提出压井要用重晶石粉，可惜重晶石粉因缺货没有送来，倒是送来了 500 袋固井用的水泥。为了防止发生意外，王进喜带着腿伤，一会儿坐着，一会儿拄着拐杖站在旁边指挥。

当打到 700 多米时，突然发生了井喷，强大的高压液柱冲出井口，冲向井架，不一会儿就达到十几、二十几米高。没有压井用的重晶石粉，液柱越喷越猛，越喷越高，吼声震得人耳朵发聋，一场大事故眼看就要发生。

此时，王进喜忘了伤痛，急切地对大家说："同志们，现在情况紧急，就是搭上命也要压住井喷。"这时有人提出往泥浆池里加水泥和黄土，代替重晶石粉以压住井喷。王进喜觉得此方法可行。方案确定以后，人们便急速行动，像固井时那样搬起水泥往泥浆池里倒，有人用铁锹、有人用手往里面扒黄土。但问题也跟着出现了，大量的水泥沉入池底，泥浆混合不好，而且糊住了池底的上水管口，导致泵不能上水，现场又没有搅拌机，连杆泥浆枪也没有……

王进喜奋不顾身跳进泥浆池中搅拌泥浆，带伤制服井喷。这一跳，凝固成历史的瞬间，定格为精神的永恒(图片来源：铁人王进喜纪念馆)

井在喷，水柱在往高里蹿，吼声传得老远，情况越来越紧急了！怎么办？在这千钧一发之际，只见铁人王进喜扔掉拐杖，"扑通"一声跳进泥浆池中，手划脚蹬，开始用身体来搅拌泥浆。

队长跳下去了！紧跟着，司钻戴祝文、北京石油学院实习女生段功武，还有几名工人也跳了下去。大家奋力搅拌，上水管线畅通了，泥浆密度升高了……经过整整三个小时的紧张搏斗，井喷终于被制服了。

王进喜（图片来源：铁人王进喜纪念馆）

此时王进喜已精疲力竭，伤腿上的绷带早已不知去向，伤口被碱性很强的泥浆浸泡、冲刷得血肉模糊，疼痛难忍。大家刚把他拉上来，他便昏倒在地。正当大家准备送他回去休息时，他清醒过来并大声说："不要管我，看井压住没有，赶快大排量循环，防止水泥凝固，快点处理泥浆。"工人们帮他擦去身上的泥浆，为他披上老羊皮袄，而他坐在那里，继续分派工人们处理事故后的各种问题，依然是那样坚定、沉着！

这口处在开发试验区的第一口井，是王进喜用生命打出来的。他不顾腿伤，一直坚守在井场上，在关键时刻扔掉拐杖，跳进泥浆池，用自己带伤的血肉之躯搅拌泥浆压制井喷。他是在用自己的生命践行"宁肯少活 20 年，拼命也要拿下大油田"的豪迈誓言！

伟大出于平凡，平凡造就伟大，铁人那种人拉肩扛运钻机、破冰端水保开钻的精神影响了一代代石油人，他纵身跳入泥浆池的英雄形象则被永远地定格在人们的心中。

王进喜是新中国第一代钻井工人，年纪轻轻就有了"主人不能当长工"的主人翁意识。他加入中国共产党、当了队长以后，立志要"打他一个翻身仗"，带领工人很快改变了"豆腐队"的落后面貌。他参加石油大会战，自觉加压，担负起甩掉贫油帽子的历史使命，喊出了"有条件要上，没有条件创造条件也要上"的口号，立下了"宁肯少活 20 年，拼命也要拿下大油田"的誓言，发出了"石油工人一声吼，地球也要抖三抖"的吼声。他带领英雄的 1205 钻井队，用血肉之躯与困难搏斗，向人类的生命极限挑战，成为冲锋陷阵的会战先锋，成为一位名副其实的铁人。

此时，“王进喜”的本名似乎已经被人们淡忘了，领导们亲切地喊他“老铁”，工人们称呼他“铁人”，只有1205钻井队的工友们仍然亲切地叫他“队长”。时至今日，人们之所以怀念他、崇敬他，除了因为王进喜在祖国最需要的时候所表现出来的“天下兴亡，匹夫有责”的责任和担当以外，更重要的是他身上所散发出来的人性的光辉。

铁人印记

下篇

TIEREN YINJI

扫一扫 看视频

11
苦攻识字阅读关

王进喜在世 47 年,有 26 年在旧社会受苦。这 26 年穷困煎熬的牛马生活磨砺了他的意志,为日后成为“铁人”埋下了伏笔。旧社会所受的压迫促使他从小就产生了改变贫穷地位的强烈愿望和坚定意志。

王进喜在旧社会受尽苦难,从来没有上过学,大字不识。刚解放时他虽参加了油田办的识字扫盲班,但并没有足够重视,而且年龄大了,学习起来比较困难。直到当了队长,他才感受到文化的重要性。在工作实践中,他努力学习,坚持做工作笔记,会的字写下来,不会的字就画出来,勉强能应付。

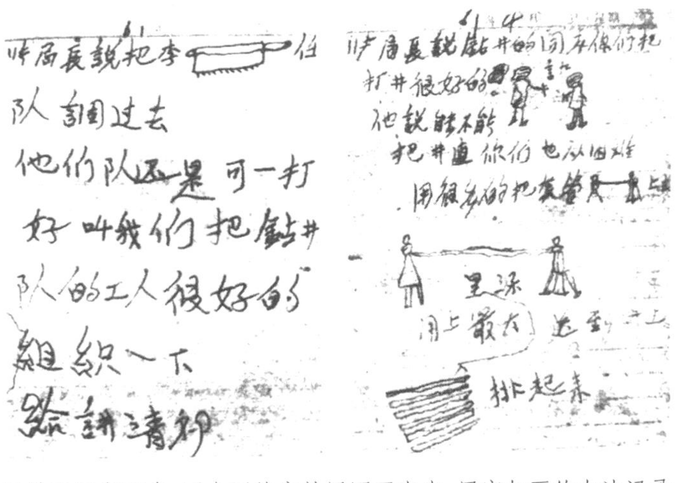

王进喜识字不多,不会写的字就用图画出来,用字加画的办法记录
(图片来源:《铁人传》)

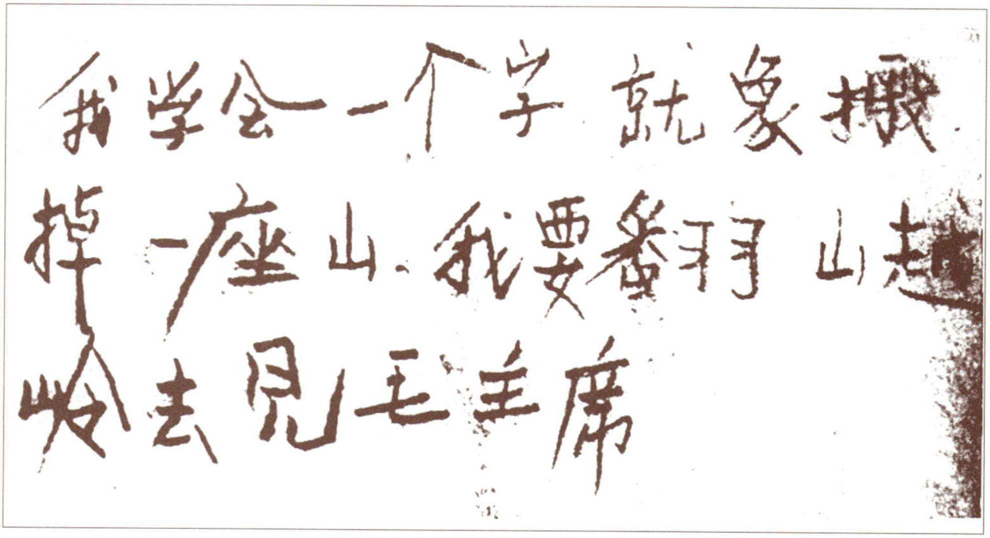

王进喜手迹(图片来源:《铁人传》)

因为没有文化,王进喜曾经闹出过一个笑话。他从小迷恋秦腔,一次从西北来的秦腔团到钻井队现场慰问演出,他照着别人写好的稿子念,竟然把“秦腔”二字念成了“秦月空”,沦为笑谈。这件事深深地刺痛了他,他发誓要学好文化。他说,学文化对我来说很难,但是我学会一个字就像搬掉一座山,我要翻山越岭去见毛主席。

王进喜认真学习
(图片来源:《精神家园:铁人精神研究论文集》)

王进喜从《毛泽东选集》开始学起,一手拿着毛选,一手拿着字典,一遍一遍、一篇一篇地认真阅读,一边学习,一边做笔记。经过一点一滴的积累，他终于能写出一段完整的文字了。

工作中的王进喜（左）（图片来源：铁人王进喜纪念馆）

但如果有人以为铁人没文化，把他的吃苦肯干和“蛮干”“瞎整”联系在一起，那就错了，因为王进喜是一个用心学习，善于独立思考，注重学以致用的人。

一个刚到大庆的钻井队因为没有钻机，变成了“徒手队”。王进喜从“徒手队”要来了司钻闻昆山。没来几天，闻昆山就看出王队长的厉害。王进喜不但要求严，而且会调动、会管理，粗中有细。闻昆山说：“王队长没事儿就蹲在井场上抽旱烟，想事情，大眼珠子转来转去，把多少天的事情都谋划好了。全队工作能干今天，看明天，想着五六天的。他这种‘干一看三想着五’的特点，一般的队长不具备。”

铁人王进喜（右二）和闻昆山（左一）等在井场上一起解读测斜结果（图片来源：《听亲历者口述铁人》）

王进喜就是看得远，想得全。他人在井上，心里想着全队，昼夜不停地谋划整个工作。在他脑子里转的，除了怎样打好井，还有井队怎样过好生活；除了眼前的事情，还有将来工作的长远安排。每提一个目标，他都要经过精心的计算和

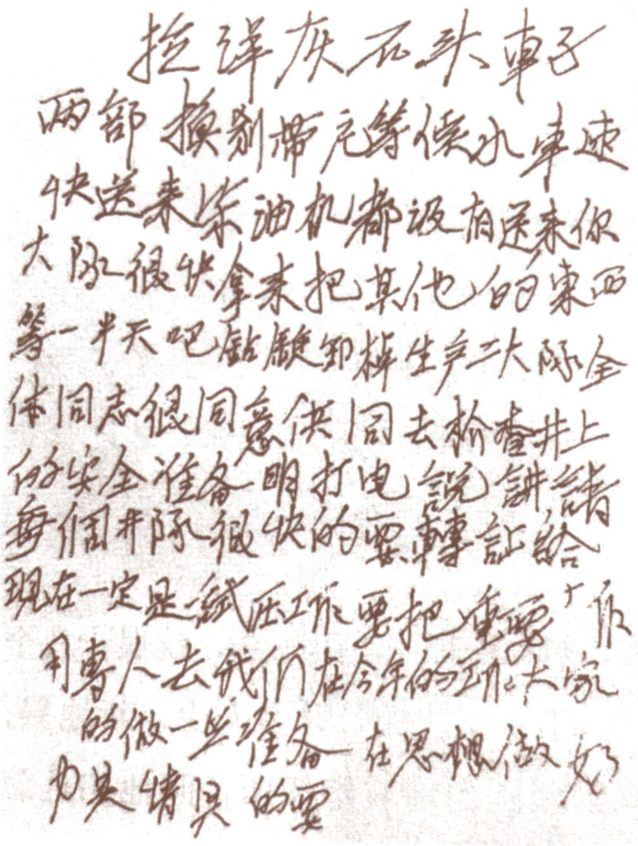
提洋灰石头车子
两部 换别带危等候水车速
快送来柴油机都没有送来你
大队很快拿来把其他的东西
等一半天吧钻杆卸掉生产二大队全
体同志很同意快同去检查井上
的安全准备 明打电说讲请
每个井队很快的要转让给
现在一定是试压工作要把重要 广作
用专人去我们在今年的工作大家
的做一些准备 在思想做好
力头错误 的要

王进喜记录的生产情况
（图片来源：铁人王进喜纪念馆）

筹划；每打一口井，开钻前他都要根据地层地面情况提出具体要求。据史料记载，在大庆打第一口井时他有“9条”要求，第二口井是“10条”，第三口井变成了“12条”，各个岗位职责明确、责任分明，井场上的方方面面他都想到了。他的这种作风不仅体现在动手干体力活上，更表现在动脑筋搞好技术革新和科学管理上。1960年《战报》上刊登了一篇《一个很好的指挥员》的短文，这样记载：“王队长一到井场，两耳听的是钻机运转声，两眼看的是操作人员的每个动作，嘴里说的是安全生产，心里想的是下一步的工作安排，就是怎样革新工具、设备，提高钻速……从这里看，王进喜不仅是一个艰苦奋斗的铁人，也是一位足智多谋的革新老手，既有坚强的性格、勇猛的作风，又有敏捷的头脑和智慧的双手，使我倾心佩服。”

经过两年的努力，王进喜不仅可以独立地看报、阅读文件，还能独立地学习《毛泽东选集》，列简单的发言提纲，做一些必要的会议记录。随着学习和阅读能力的提高，同志们发现，他的工作能力和理论水平也得到了很大的提高。

通过铁人学文化可以看出，铁人身上始终有那么一股劲，就是不服输，只要想干的事，一定要干成。这是铁人异于常人之处，也是他成为英雄的重要潜质之一。

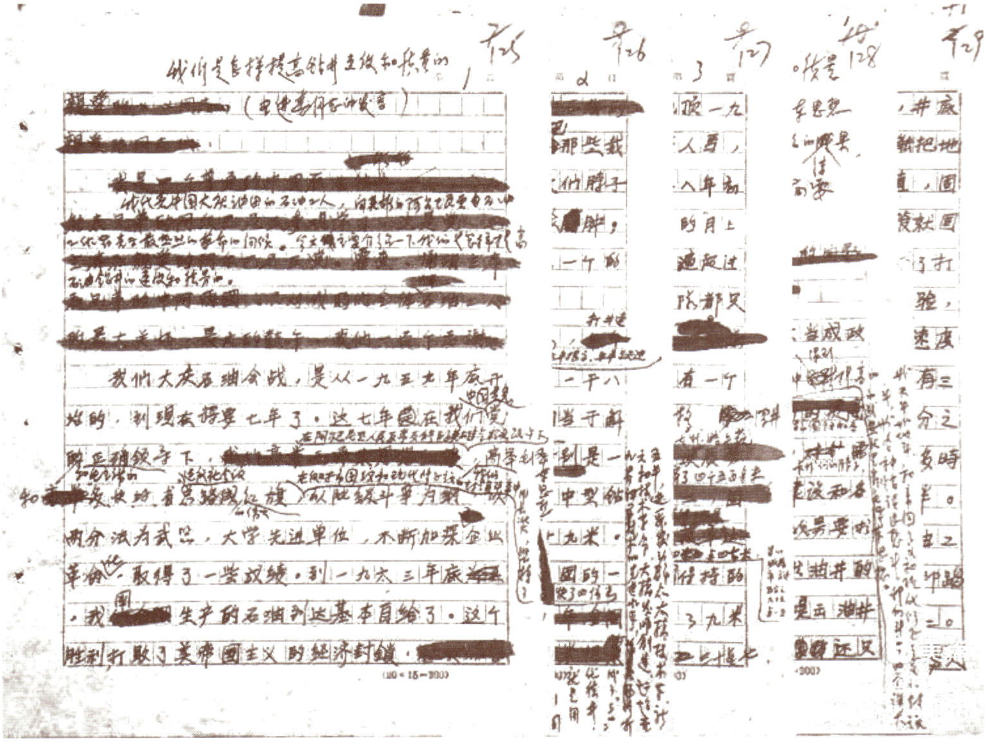

铁人发言稿(图片来源:《铁人传》)

扫一扫 看视频

12 干，才是马克思主义

王进喜带头响应大庆油田党委号召，认真学习毛主席的著作《实践论》与《矛盾论》（图片来源:《中国工人阶级的先锋战士——铁人王进喜》）

头脑灵活、爱思考的王进喜学文化，不仅仅攻克了一道道文化关，更登上了一层层理论山。到1965年他已读完了《毛泽东选集》一至四卷的大部分文章，还写了一些心得体会。其中《矛盾论》《实践论》《关于正确处理人民内部矛盾的问题》《反对本本主义》《党委会的工作方法》《关心群众生活，注意工作方法》《纪念白求恩》《愚公移山》《为人民服务》等文章他学过多遍，多的达二三十遍。伟人的理论和思想在他身上潜移默化地起着作用。性子急，脾气暴，工作方法简单，有时甚至粗暴，这是王进喜的老毛病。入党时他虽然下了脱胎换骨的决心，却也没有全改好，转正时还被留了个“以后注意”的意见。当队长时，郭师傅把这作为一个要求再次提出，但他始终没能彻底改掉。通过边学边思考，他在实践中一点一点地克服，最终有了深刻的变化。他逐步学会了讲求工作方式，做耐心细致的思想工作，像《党委会的工作方法》中倡导的那样，逐渐学会了“弹钢琴”工作法，克服了忙乱现象，思想境界和理论水平都得到了很大提高。

王进喜（右）对身边的干部和工人，有了缺点就批评，有了进步就鼓励（图片来源：《铁人传》）

王进喜学习毛主席著作强调学以致用，努力在理论与实践结合上下功夫。他说，学文化，学毛主席著作都是为了工作。把书本上写的、心里想的、嘴上说的、手上干的结合起来，统一起来，那才叫学好了，才叫有了真本领。铁人有一句名言：“干，才是马克思主义；不干，半点马克思主义也没有。”这句话来自他和一个大学生的辩论。

王进喜（左一）教育职工“干工作要为油田负责一辈子，要经得起子孙万代的检查”（图片来源：《大庆精神、铁人精神学习读本》）

1963年8月，二大队分来一批大中专毕业生，这些小青年没有辜负大队长的期望，大部分干得挺好，王进喜非常高兴，唯独有位“公子哥”不争气，在井队表现不佳。工人们说他有“四不干”：天冷不干，黑夜不干，肚子饿不干，感觉累了也不干。王进喜找他谈心，他却说：“我大学毕业后还想念书，想当个博士，住楼房要住个鸳鸯楼。”王进喜一听很生气，大声说：“你听说哪个国家有鸳鸯楼？简直是胡说八道。我们国家穷，主要矛盾就是集中精力开发好大油田，把贫油落后帽子甩掉，需要你们青年艰苦奋斗，怎能光图享受不实干呢？”那位大学生慢悠悠地说：“那当博士总没错吧？”王进喜说：“你念书多，我是没念多少书，但我想当博士总得去学去干吧！天上掉馅饼还得接吧，下个乌纱帽还得伸头去戴吧，你躲在房子里想，这个博士帽就掉到你头上了？光想不干，半点马克思主义水平也没有！”一说起马克思主义，那位大学生来了精神，忙说：“你还讲到马克思主义水平上来了。你说，什么是马克思主义？怎样来衡量马克思主义？”王进喜说：“这有两条，一是认真学习马克思主义理论；二是学了就结合实际用，培养出为国出力，为民族争气的干劲。就像我们钻工，热天光着膀子干，冷天胡子冻成冰疙瘩，把大钳打得叮当响，抢时间为国家多打井，多出油，这种实干精神就是马克思主义。你读了一火车书，就是不干，我不承认你有马克思主义。”那位大学生顿时无话可说。

王进喜(中)和工人一起打大钳(图片来源:《铁人传》)

有一次讨论会上，这位想当博士的大学生突然问王进喜：“大队长，那天你说有干劲的人，像钻工，光着膀子干就有马克思

王进喜经常深入青年工人和学生当中，与大家一起学习和讨论问题(图片来源:《铁人传》)

主义，这说法不全面吧？”王进喜说:“你又提这个问题，我给你再说说，我想能把心里想的、嘴上说的和手上干的结合起来，把理论和实际结合起来，那才叫马克思主义。你看我们的司钻，他既要懂得钻机的性能和操作规程，还得会操作。”说着，王进喜站在地中央边说边表演起来，表演完他说:“我总认为，学的要会用，说的要做到，书本上写的、脑袋瓜里想的、口里说的、手上干的结合起来，一致起来，这才叫马克思主义。你能说不全面吗？”王进喜又说:“光说钻工、司钻，你可能认为不全面。北京的那些专家、

王进喜和技术人员一起研究怎样提高钻井质量
(图片来源:《铁人传》)

王进喜亲自实践，用老钻机打出一口口优质油井（图片来源：《中国工人阶级的先锋战士——铁人王进喜》）

王进喜与青年工人合影留念
（图片来源：《铁人传》）

教授，有的已白发苍苍，是有学问的人吧？大会战中，他们也带上大学生来到油田同工人一样吃野菜，干粗活儿，学'两论'，在劳动和实践中创造了热风吹、水套加热炉，制订出开发方案、集输流程，我看这就叫马克思主义。"

王进喜所讲的"书本上写的、脑袋瓜里想的、口里说的、手上干的结合起来，一致起来"，应该是他在"两论"学习中的个人体会。他语言朴素，自己未必有明确的意识，但他讲的实际上就是主观和客观相一致，认识和实践相统一，即理论联系实际的问题。这不就是马克思主义的基本观点吗？这里既包含了毛主席实践论的基本观点，也包含了意识与物质的关系问题。

自此以后，王进喜常把"干，才是马克思主义；不干，半点马克思主义也没有"挂在嘴边。

王进喜虽然文化程度不高，但在学习的过程中，善于把自己获取的有限的理论知识和生活实际与生产实践相结合，通过用心地消化和吸收，使之成为生产和生活的指南。这个事例说明，王进喜不仅是一个实干家，还是一个善于思考，能够活学活用所学知识和理论的典范。随着文化水平的提高和不断接受马列主义、毛泽东思想的滋养，王进喜已成长为一个会思考、具有思辨能力和独立思想的人。

扫一扫 看视频

13
永葆普通劳动者的本色

大庆石油会战在改变我国石油工业面貌上具有里程碑的意义。铁人王进喜在这场大会战中立下了不可磨灭的功勋，党和人民也给了他极高的荣誉，他在不同场合反复地说：“不管我当了什么，首先还是个工人！”他始终保持着一个普通劳动者的本色。

王进喜不仅经受住了艰难困苦的考验、个人利益的考验，更经受住了荣誉、地位、掌声、鲜花的考验，事实证明了他是个真英雄、好公仆，是党和人民的老黄牛。几个发生在王进喜身上的小事就能充分说明这一点。

事例一

1963 年底，随着周恩来总理在第二届全国人民代表大会第四次会议上宣告我国石油基本实现自给，大庆油田对外解密。大庆人“自力更生，艰苦奋斗”的精神和不畏艰难、讲求科学、“三老四严”的英雄事迹深深鼓舞了全国人民。毛主席发出了“工业学大庆”的号召，《人民日报》、新华社专门派记者深入油田采访。《人民日报》原来计划做两个长篇通讯报道，一个重点反映大庆石油会战的全貌，另一个重点突出铁人王进喜的英雄事迹。但是当记者们连续跟踪采访近一个月，把写好的关于王进喜的通讯稿交给他审阅时，他却拒绝签字。王进喜认为，一切成绩都是在党的领导下、群众的帮助下取得的，报道应该更多地反映党的领导，反映群众的贡献，不应突出个人。因此，在第一轮报道大庆的热潮中，宣传铁人的专稿没能见报。1964 年 4 月 19 日，中央人民广播电台向全国播发了《人民日报》记者袁木、范荣康所写的《大庆精神 大庆人》的报道；4 月 20 日，《人民日报》全文刊发了这篇报道。而关于王进喜的报道则直到 1966 年 1 月 3 日，《工人日报》发表该报记者李冀、张杰、杜铁所采写的《工人阶级的光辉形象——王铁人》时，

人民日报
RENMIN RIBAO
学习大庆经验，把革命干劲和科学精神结合起来
大庆精神 大庆人
崇高的榜样
大庆精神 大庆人

《人民日报》刊登《大庆精神 大庆人》（图片来源：《人民日报》）

工人日報
GONGREN RIBAO
外交部就印度政府利用"西藏问题"反华照会印使馆
强烈抗议印度政府严重干涉我内政
学习王铁人的革命精神 做大庆式的工人
工人阶级的光辉形象——王铁人
我們需要千千万万个鉄人

《工人日报》第 1 版发表《工人阶级的光辉形象——王铁人》（图片来源：《工人日报》）

才得以公开。

这是发生在王进喜身上的一件事情，在巨大的荣誉面前，他始终牢记着党的领导、群众的贡献和集体的力量，而不愿意突出个人。

事例二

大庆被公开报道以后，许多记者和文艺工作者来到大庆采访和体验生活。艺术家孙维世①和金山也来到大庆体验生活，并请王进喜带他们上“铁人一口井”看看，详细讲述一下当年人拉肩扛、端水保开钻的故事。孙维世说:“你是英雄，好好给我和金山讲讲，让我们受受教育，补上铁人精神这一课。”过了两天，王进喜抽出时间陪孙维世、金山参观，不过去的是一口废井。孙维世、金山很茫然，铁人神色庄重地说:“孙院长，不瞒您说，我也是‘走过麦城’的啊，这是我们的‘教训井’。”

那是在1960年10月，王进喜刚调离井队。1205钻井队在“鸡场”打南1区3排36井，因为准备不足、工作不细，打到一个浅气层时发生了井喷。强大的水柱冲天而起，不一会儿就把井口喷垮了。眼看封不住了，队里的干部和工人冒着生命危险上去抢设备。王进喜得到消息后也赶到井场，组织压井和抢险。几名司钻带着工人钻到钻台下，卸开拧得紧紧的螺丝，靠人力和拖拉机把钻机、绞车、柴油机等一件一件地拖了出来，但钻机底座却连同井架一起掉进了因井口塌陷而形成的大坑里，只露出了一个井架尖尖……

铁人讲完当时的情景，沉痛地说:“钻机掉进地球里，都怪我领导水平低，工作没干好！”孙维世安慰说:“那时你已离开1205队了，不能怪你！”铁人

---

①孙维世当时是中央实验话剧院的副院长兼总导演，她导演的《初升的太阳》(1965年)是新中国话剧史上第一次专家与群众合作的艺术创造，是第一部反映大庆精神的戏剧。

王进喜与著名艺术家孙维世(左)在一起
(图片来源:《铁人传》)

说:“不,我前脚刚迈出,后脚还在1205队门槛里,就出这么大的事儿,正说明我平时工作没做好,只顾猛打猛冲,不讲严细,只顾领头干,不会教方法……这种一离队就出事故的情况,更说明我没水平!”

这一番话使两位艺术家大受感动,孙维世还流下泪来,他们感到来“教训井”和去“一口井”同样有意义。事后,孙维世跟别人谈起时说:“铁人确实与众不同,从这里我们看到了英雄的崇高品德和内心世界。”

事例三

王进喜成名以后,面对排山倒海般的荣誉和奖励,始终保持着清醒的头脑。他在自己笔记本的扉页上写道:“我是个普通工人,没啥本事,就是为国家打了几口井,一切成绩和荣誉都是党和人民的,我自己的小本本上只能记差距。”这朴素的语言,是铁人精神的闪光点,是铁人思想的亮点,也是

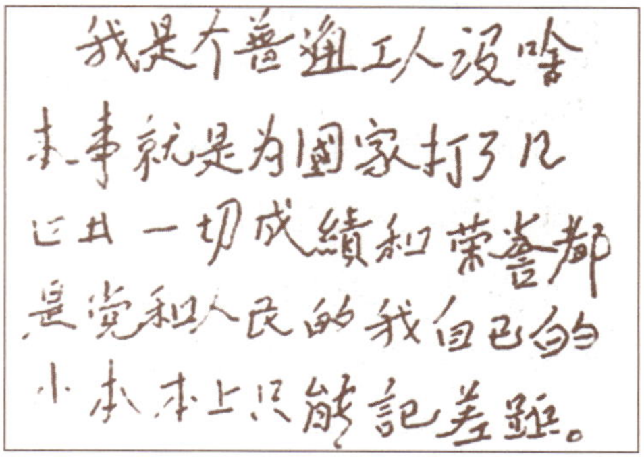

王进喜手迹(图片来源:《铁人传》)

王进喜胸怀坦荡、积极乐观，图为他在工作之余稍事休息，享受劳动的快乐（图片来源：《铁人传》）

他伟大品格的真实写照。

1960年10月，王进喜离开1205钻井队后，先后担任过装建大队大队长、钻井二大队大队长、钻井指挥部副指挥以及大庆油田革委会副主任。1969年4月，中国共产党第九次全国代表大会召开，王进喜不但受到毛主席的亲切接见，还当选为中央委员。但是不论职务如何变化，王进喜的工人本色始终没有变，和一线群众的血肉联系始终如一。

王进喜是玉门人的杰出代表，中国石油工人的光辉典范，中国工人阶级的先锋战士，中国共产党人的优秀楷模，中华民族的英雄。他为祖国石油工业的

当了大队长的王进喜常年坚持"跑井"，深入基层，调查研究，为井队解决生产、生活、技术等实际问题（图片来源：铁人王进喜纪念馆）

发展和社会主义的建设立下了不朽的功勋，在创造了巨大物质财富的同时，还给我们留下了宝贵的精神财富——铁人精神。

余秋里说，铁人永远是一个不安于现状、不拘泥于常规、奋发思变的人。

王进喜的队友说，老队长是“钻机医生”“革新高手”。

王进喜的同事们说，铁人是一个品格高尚的人。

王进喜的儿子说，他对父亲几乎没有多少印象。

原石油工业部副部长焦力人对王进喜非常了解，也是培养铁人的主要领导人之一，他在铁人王进喜纪念馆落成时题词：“王进喜同志是我国工人阶级的杰出代表。他是工人的时候，关心国家大事；他担任了领导职务，永不脱离群众。我们都应当向他学习。”焦力人的题词既是对铁人王进喜非常中肯的评价，也是对其崇高品格和高尚境界的一种褒奖。

1965 年 4 月，王进喜被任命为钻井指挥部副指挥，仍一如既往地下基层、跑井队。图为王进喜在热洗钻杆丝扣（图片来源：铁人王进喜纪念馆）

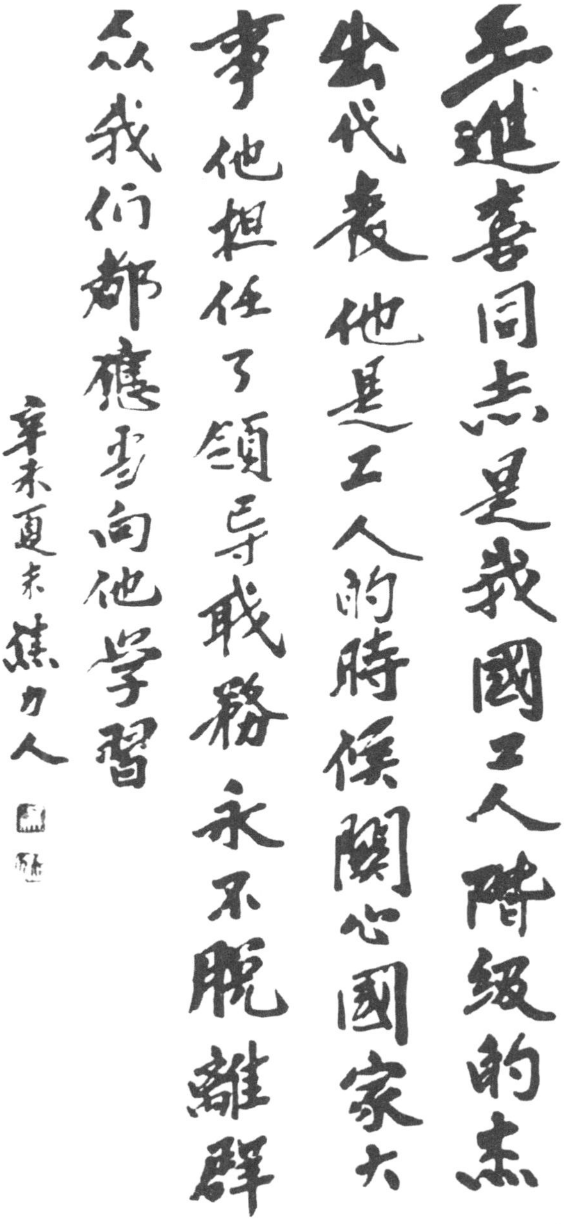

焦力人在铁人王进喜纪念馆落成时的题词(图片来源:铁人王进喜纪念馆)

扫一扫 看视频

14 铁人的家规

井是铁人的命，油是铁人的魂。铁人把自己的一生献给了石油，为了石油，他一心扑在工作上，不但照顾不上家里，还给家人和自己定了一条“公家的东西一分也不沾”的家规。

王进喜母亲何占信老人(1896—1970)
(图片来源:铁人王进喜纪念馆)

铁人家是个大家庭，1960 年底到大庆时，家庭成员有王进喜的母亲、妻子、弟弟、妹妹以及王进喜的两儿两女，1962 年王家又添了小女儿琴琴(即王月琴)。全家共 10 口人，却只有王进喜一人有工作。按人口平均，他家是全队收入最少的困难户，是钻井二大队享受油田长期补助的两个困难户之一。但每月 30 元的补助，铁人说什么也不要，领来以后都给了困难职工和职工遗属。

铁人的母亲何占信嫁入王家前是家境殷实的大家闺秀，上过几天私塾，能识文断

王进喜与家人在一起(前排左一为王进喜母亲,左二为王进喜,王进喜怀抱着的是小女儿王月琴,后排左一为次女王月玲,左二为长子王月平,左三为长女王缨,右一为王进喜小妹王立,右二为妻子王兰英,次子王月普当时不在家)(图片来源:铁人王进喜纪念馆)

字,懂得很多大道理。王进喜的成长成才与老人从小对他的教育和影响分不开。铁人成名后,老人不仅以儿子为骄傲,还带领全家全力支持铁人的工作,无论是自己生病,还是家里有其他困难,都要以铁人的工作为重。铁人病重住院后,组织上原计划安排老人到北京看望儿子,见上最后一面,但老人临上飞机前突患重感冒住院。领导买了蛋糕送给老人,她始终不肯吃,别人问她原因,她说铁人说了公家的东西一分也不能沾。小儿子出去亲自买来吃的,她才肯吃。平时老人看病也不坐公家车,让孙子用自行车推着去。1970 年 12 月 8 日,铁人王进喜去世 23 天后,老人去世。

王进喜和母亲相继离世,使王进喜的具体出生日期成了一个谜。直到铁人去世 23 年后的 1993 年,才费尽周折终于弄清楚王进喜的准确出生日期为 1923 年 10 月 8 日。

铁人的妻子王兰英一辈子把全部的爱奉献给了铁人和他的家人。来到大

王进喜妻子王兰英(1930—1993)
(图片来源:《铁人传》)

1970年7月,王进喜在北京住院治疗,妻子及儿子王月平、女儿王月琴前往北京看望,这是王进喜一生中唯一一次和妻子、孩子上街游玩(图片来源:铁人王进喜纪念馆)

庆后,为了补贴家用,王兰英长期在二大队做临时工,干着烧锅炉、喂猪的重体力活,毫无怨言。二大队的老人、王进喜的老邻居们都异口同声地说:"铁人老伴,那是世界上没有第二个的老实人,她对铁人那叫百分之二百的理解、支持和服从。"

作为铁人王进喜的妻子,20世纪60年代,当铁人为国家开发大油田奋战之际,王兰英默默付出,成就了丈夫的事业,她是英雄的妻子;她一生勤劳,为王进喜养育了两儿三女,是优秀的母亲;她孝顺公婆,又替王进喜多方照料他的弟妹,堪称中华女子的楷模!

王进喜的五个子女中,除次女参军从事医疗工作外,其余四个子女都在大庆油田工作,满足了父亲的心愿,将青春奉献给了石油事业。令人感到惋惜的是王进喜的小女儿,由于天生体弱多病,她的身体状况一直不太好,还没有等到结婚成家就早早地离开了人世。

会战初期,1205钻井队的一个青年工人张启刚不幸因公牺牲。当时正值三年困难时期,张启刚又是家中的独子,牺牲时还没有结婚。张启刚那既生活困难又十分思念儿子的母亲给王进喜寄来一封信,信中夹着几根白发。王进喜拿着这封信,召集全队的工友们,

王进喜长子王月平(右一)一家在铁人广场铁人雕像前(图片来源:《铁人传》)

举着那几根白发,动情地说:“白发人送黑发人,一根白发催人泪啊!”王进喜告诉大家,张启刚作为我们的战友牺牲了,但是他家中还有老人需要赡养,我们今后要按月给老人寄去生活费。从此王进喜独立承担了这一任务,直到他去世。铁人得病后,在弥留之际曾断断续续地说:“我这辈子欠了三个母亲的债:一个是自己的母亲,母亲一生酷爱秦腔,可我工作太忙,只陪她看过一次秦腔;二

王进喜时刻把工人疾苦挂心上,工人有了困难都愿意对他说(图片来源:《铁人传》)

是马家窑的房东赵大娘，她想要点木料修房子，我没给整；三是张启刚的母亲，我没有保护好她的儿子。”

铁人就是这样，心中始终装着别人，唯独没有自己！

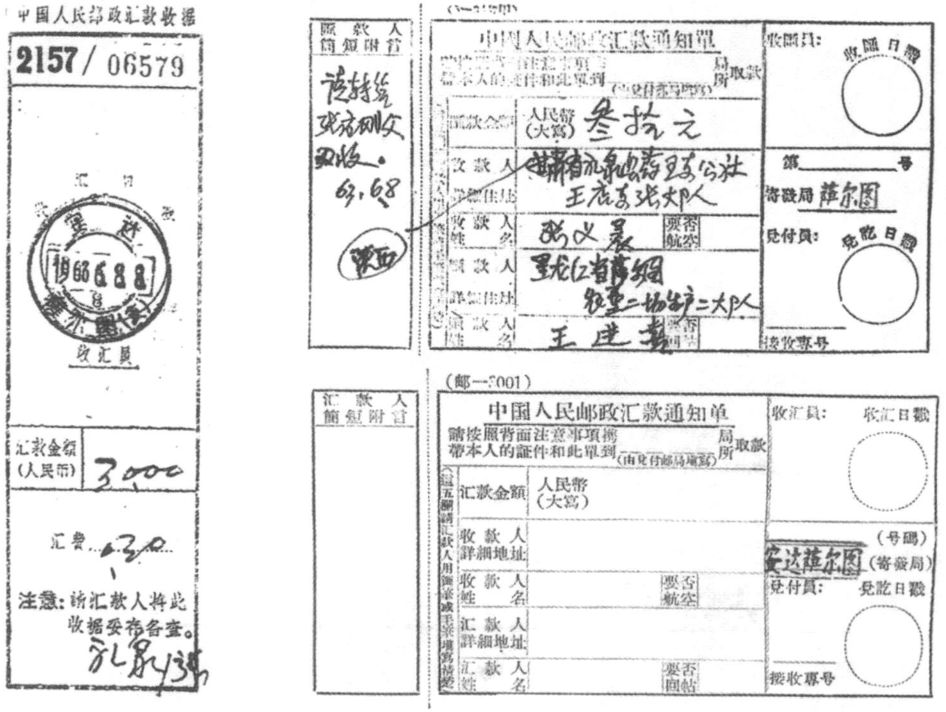
中国人民邮政汇款收据

2157/06579

汇款金额（人民币） 3.00

汇费 .30

注意：请汇款人将此收据妥存备查。

收汇员

中国人民邮政汇款通知单

汇款人简短附言

汇款金额 人民币（大写） 叁拾元

收款人详细住址

收款人姓名 张义晨

汇款人详细住址 黑龙江省萨尔图

汇款人姓名 王进喜

寄发局 萨尔图

兑付员 兑讫日戳

收汇员 收汇日戳

接收事号

（邮—2001）

中国人民邮政汇款通知单

汇款人简短附言

请按照背面注意事项携带本人的证件和此单到 局所取款（由兑付邮局填写）

汇款金额 人民币（大写）

收款人详细地址

收款人姓名 要否航空

汇款人详细地址

汇款人姓名 要否回帖

收汇员： 收汇日戳

（号码） 安达萨尔图（寄发局）

兑付员： 兑讫日戳

接收事号

王进喜给张启刚母亲寄钱的汇款收据，以及因写错地址而留下来的填好的汇款单、备用的空白汇款单（图片来源：铁人王进喜纪念馆）

扫一扫 看视频

15
“五讲”题词彰显崇高品格

王进喜成为名人，走到哪里都有人认出他来，都有人请他签名留念。1966年10月1日，在天安门城楼上，一些观礼代表把他围住，请他签名题词，王进喜婉言谢绝了。可是几位解放军代表软磨硬泡，盛情难却，王进喜就在他们的小本上写上了“向解放军学习”六个大字。这时一位代表说：“请铁人同志给写几句大庆的豪言壮语吧！”王进喜拗不过，只好同意，但他没有写什么豪言壮语，而是写下了这样四句话：

讲进步不要忘了党
讲本领不要忘了群众
讲成绩不要忘了大多数
讲缺点不要忘了自己

1966年10月4日，王进喜应邀到北京人民艺术剧院观看演出并参加一个座谈会。在后台休息时，一些演员围着他问这问那。这时，青年演员李光复拿出一本《毛主席语录》，请他在扉页上签字。王进喜拿出笔，把语录本放在沙发扶手上，写上“大庆油田　王进喜”七个大字，并署上“66.10.4”这个日期。李光复不满足，说：“请铁人给写几句鼓励的话吧！”王进喜略做思考，又在上方不太宽裕的空白处写道：

讲进步不要忘了党
讲本领不要忘了群众
讲成绩不要忘了大多数
讲缺点不要忘了自己
讲现在不要割断历史

过去王进喜的题词都只有前面四句，这次特意加上了“讲现在不要割断历史”一句。这个“五讲”题词由于是先签名，后写的内容，布局不大协调，却反映了铁人对事物认识的深化和思想的成熟。

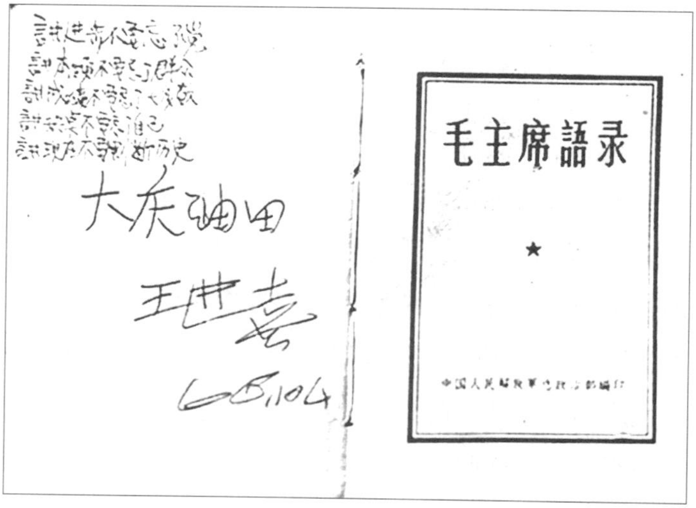

1966 年，王进喜为演员李光复题写“五讲”
（图片来源：铁人王进喜纪念馆）

铁人刚参加工作时，进扫盲班学了一段“社会发展史”，在他“感恩”的思想里加进了朴素的“不信天命干革命”的唯物史观。入党时，又形成了“跟着党干革命干事业”的意识和“为人民当好勤务员”的宗旨，树立了坚定的党的观念。在以后的奋斗中，他看到工人阶级的积极性和作用，从而树立了明确的群众观点。同时，他在潜意识里也学会了辩证地看问题。比如，1958 年“月上 5000 米”时他就说过：“慢打只能出慢的经验，只有快打才能出快的经验。”只有带领全队冲破老框框、洋框框的束缚，才能不断创出新成绩。

1959 年 9 月，在甘肃省劳模会上发言时，彭佐猷总工按王进喜的表述替他写了四句话：玉门形势好；大家干出的成绩；党的领导和培养；放牛娃当劳模，社会主义好。参加大庆石油会战，他学了“两论”，思想更开窍了，不仅认识到“国家缺油是最主要的矛盾”，还提出了“有条件要上，没有条件创造条件也要上”“干，才是马克思主义；不干，半点马克思主义也没有”这样哲学味十足的命题。

1964 年，毛主席发出“工业学大庆”的号召，全国掀起学大庆的热潮。整天面对鲜花和掌声的王进喜这时开始思考一个新的问题，就是怎样才能经受住荣誉的考验。他始终记着毛主席在生日宴会上那句“要夹着尾巴做人”的教诲，认真贯彻会战工委学“两分法”的要求，一分为二地认识自己的一切，总结体会，从而得出一个“一切成绩和荣誉都是党和人民的，我自己的小本本上只能记差距”的结论。此外，他还经常琢磨怎样对待进步、本领、成绩、不足等问题。

据 1205 队以及二大队一些老工人回忆，那个时期经常在不同的场合听到铁人讲“有了进步不要忘了党，讲本事不要忘了群众”等“二不忘”“三不忘”的问题。1966 年 8 月 25 日《工人日报》第 3 版“大庆人笑谈纸老虎”专栏引用了铁人王进喜的一些话。他说：“今年年初我就跟 1205 队同志们讲，讲进步不要忘了党，讲本领不要忘了群众，讲成绩不要忘了大多数，讲缺点不要忘了自己。这样我们就会无敌于天下！”这说明铁人很早就形成了“四讲”的观念，而且把它看成是“无敌于天下”的力量。

1966 年 9 月的北京，“文化大革命”已经全面展开，大字报不时出现，到处有人揪斗干部，批判“技术权威”。当时一些人所谓的“革命”，就是要打倒在任的老干部，“实现全面夺权”，种种行为表现出一种怀疑一切、打倒一切、否定历史的鲜明特征。对此，身在北京的王进喜不可能看不见，他怎么想、怎么看已无从考证，但他给李光复的题词由“四讲”发展为“五讲”，特意加了一句“讲现在不要割断历史”，其针对性是显而易见的，表明了他的思想。

铁人王进喜会议发言照片（图片来源：《中国工人阶级的先锋战士——铁人王进喜》）

凡看到这个题词的人，无不为他的思辨能力而惊讶！王进喜是一个工人，文化程度不高，但他的“五讲”题词，既是对他基本世界观和价值观的反映，也折射出他深邃的哲学思想，同时彰显出他无私无畏的英雄气概和大智慧。正如毛主席所说：“一个人能力有大小，但只要有这点精神，就是一个高尚的人，一个纯粹的人，一个有道德的人，一个脱离了低级趣味的人，一个有益于人民的人。”

铁人“五讲”题词，作为铁人精神的点睛之笔，将永远绽放出智慧的光芒。

背景资料

铁人王进喜
“五讲”题词发现过程

大庆铁人王进喜纪念馆有一件“镇馆之宝”，就是那本扉页上写有王进喜“五讲”题词的《毛主席语录》。这件珍贵的文物是如何最终收入纪念馆中供人们参观学习的呢？这里还有一段曲折的历程。

2007 年之前，人们经常见到和提到的是与铁人“五讲”题词内容类似的“三讲”“四讲”，包括国内各大媒体之前几十年报道的也都是“四讲”，直到这一年有个人来捐赠。

2007 年夏，一位三十来岁模样的人来到纪念馆捐赠文物。他的这次捐赠当时在全馆引起了轰动，而后又在整个油田引起巨大反响，因为他所捐赠的《毛主席语录》上有铁人王进喜亲笔题写的“五讲”。

捐赠者叫关彦良，是大庆油田钻探集团测井公司二分公司的员工。据关彦良介绍，10 年前，他偶然听一位收藏界人士说，北京的一位收藏大家那里有一本带有王进喜手迹的文物。

多年来，关彦良一直痴心收集石油方面、大庆题材的历史资料。听说这个信息后，他前后跑了十几趟，但人家就是不卖。后来事情总算有了转机，因为对方喜欢关彦良手中的另外两件文物。关彦良忍痛割爱，将两件价值 6 万元的文物送给对方，终于感动对方，花费 2 万元现金将这个带有铁人手迹的语录本拿了回来，前后整整历经 10 年。

花费高昂代价换取的这个语录本到底是不是王进喜的手迹呢？这成为最关键、最迫切需要解决的问题，因为在此前的几十年间，“五讲”从未出现过。

当时，纪念馆为此成立了铁人“五讲”手迹研究小组。

曾任铁人王进喜纪念馆研究室主任、副馆长的许俊德打开语录本红色的封面，扉页上方是两行字——“热烈欢迎各地来京革命师生”，下方是一个红五角星，挨着五角星的空白处是蓝色钢笔签的两个人的姓名，上方的人名是“奴尔马木提”，然后是几个维吾尔文，下方的人名是“李光复”。“李光复”名字的下方和扉页的最下边各有一行钢笔字，分别是“北京人民文工团（前北京人民艺术剧院）”和“一九六六年九月三十日于首都剧场”。扉页背面是铁人王进喜亲笔题写的“五讲”，字为蓝色。

经过查阅各种资料，咨询《铁人传》的作者孙宝范等知情人士，渐渐理出一条线索：自 1966 年 8 月 18 日至 11 月，毛主席在不到 3 个月的时间里先后接见了约 1100 万名红卫兵。从这本《毛主席语录》扉页上的签字可以判断，“奴尔马木提”和“李光复”两位青年当时一定在北京，并得到了“物资管理部机关文化革命委员会”赠送的这本《毛主席语录》。

2004 年 4 月 7 日的《光明日报》上刊登了一篇关于“李光复”的报道——《李光复：小演员终成大气候》。原来，李光复从 13 岁就走进北京人民艺术剧院当演员，电视连续剧《天下第一楼》中常贵的扮演者就是他。这说明，这本《毛主席语录》很可能就是李光复的。

很快，许俊德一行踏上去往北京寻找李光复的行程。几经周折，终于打听到在北京人民艺术剧院有位叫李光复的艺术家，他已经成为国家一级演员。

41 年漫漫岁月已逝，但李光复在电话里马上确认，铁人的确给他签字并写过“五讲”。

2007 年 10 月 27 日，大家终于见到了李光复。当把 41 年前的那个小本本递给他时，李光复激动不已。这本“红宝书”正是他的，上面的签名和字体他再熟悉不过了。他说：“久违的老朋友，没想到 40 多年后，你还能来到我的身边。”

凝视着铁人的题词，历史慢慢在李光复眼前清晰起来。

1966年10月4日上午，19岁的演员李光复正在单位上班。当他和新疆朋友奴尔马木提一起去后台时，发现一楼走廊靠近后台边的沙发上坐着一个熟悉的身影，那打扮、那面孔是他在照片上多次见到过的，那是他崇拜的英雄啊！

李光复讲述王进喜题写"五讲"经过

"铁人王进喜！"他叫出声来。两个年轻人跑过去，铁人的身边还站着几个人，他们正在交谈。铁人见有人认出他来，就"嘿嘿"一乐，准备站起身。李光复忙说："您别动，别动！"就和奴尔马木提蹲到铁人身边攀谈起来。

李光复对铁人说："我过去在报道中经常听到您的事迹，在报纸上看到您的照片，没想到今天见到您本人，见到了我们敬仰的英雄，真是太高兴了！"

铁人"嘿嘿"笑着，很朴实的样子。

李光复问："您怎么来我们这里了？"铁人说来参加一个会。李光复向铁人询问了两个问题，一个是"大庆的'干打垒'是怎么盖的"。李光复说："你们住得那么简陋，也太艰苦了。"铁人说："为了早日拿下大油田，我们生产第一，生活第二，也就是'先生产，后生活'。"

第二个问题是："您当时跳泥浆池用身体搅拌泥浆，情况很紧急吗？"铁人说:“情况很紧急,不及时制止井喷会很危险,当时只能那么做。”对李光复来说,铁人跳泥浆池是英雄的壮举,但铁人说那是石油工人的职责。铁人没有说“奉献”“为了共产主义伟大事业”之类的语言,他说得很朴实,这让李光复更加激动。

奴尔马木提当时是新疆艺术学校的学生,他对铁人说:“我们新疆人民也非常喜欢您,敬佩您。”见到了崇拜的英雄,奴尔马木提高兴地用维吾尔语为铁人唱了一首《歌唱解放军》。唱完后,铁人高兴地鼓起掌来,并热情邀请他们到大庆油田演出。

这时,李光复突然觉得,应该让铁人给他签名留作纪念,就从身上掏出《毛主席语录》,请铁人签名。铁人为李光复签下了“大庆油田 王进喜 66.10.4”,李光复并不满足,说:“请铁人给写几句鼓励的话吧!”铁人坐在沙发上,把《毛主席语录》放在扶手上略做思考,又在上方不太宽裕的空白处写下了五句话,也就是现在的“五讲”。

认识了铁人王进喜,李光复从此更加关注大庆油田,关注铁人的消息,也更加向往大庆油田。后来,北京人民艺术剧院创作的第一部话剧《丹心谱》陆续在全国上演,李光复随剧团来大庆演出,想起了铁人给他题写的“五讲”,但那本《毛主席语录》不知什么时候弄丢了,这让他非常遗憾。

铁人“五讲”手迹展出后,立即引起强烈反响。大庆油田老领导张轰对铁人的“五讲”推崇备至,认为铁人讲得好,有哲理。

“五讲”思想和铁人会战时的思想一脉相承,既体现了铁人思想的延续性,又可以看出铁人思考的角度更高了,思考的深度更进了一步。

(资料来源:http://dq.wenming.cn/jjdq/201406/t20140604_1197291.htm)

扫一扫 看视频

16
参加毛主席的生日宴

王进喜在第三届全国人民代表大会第一次会议上发言
（图片来源:《铁人传》）

对铁人来说，一生中最骄傲和荣光的事，莫过于 1964 年参加毛主席的生日宴了！

铁人王进喜不仅是大庆人的杰出典范，工人阶级的先锋战士，共产党人的优秀代表，而且是新中国成立以来最具影响力的全国劳模之一，顶天立地的民族英雄。铁人身上表现出来的敢于蔑视一切困难，决不在困难面前低头的英雄气概，给毛主席留下了深刻的印象。毛主席曾经兴奋地把“石油工人一声吼，地球也要抖三抖”这句名言转告给同在天安门城楼上观礼的美国记者埃德加•斯诺。

1964 年 12 月 26 日，出席第三届全国人民代表大会第一次会议的王进喜

参加第三届全国人民代表大会第一次会议期间，王进喜（右三）和陈永贵（左三）亲切交谈
（图片来源：《铁人传》）

与农民代表陈永贵，知识青年代表董加耕、邢燕子，于散会前被告知散会后就地等候。

散会后，周总理把他们带到人民大会堂内一间小宴会厅等候。几分钟后，毛主席满面红光、精神抖擞地来到人们中间。在掌声中，毛主席示意大家坐下。铁人被周总理安排与毛主席同桌，就在毛主席的左手边，中间只隔着董加耕，同桌的还有彭真、罗瑞卿、余秋里、曾志、钱学森、陈永贵、邢燕子等。大家落座后，毛主席说："今天既不是做生日，也不是祝寿，而是实行'三同'。我用我的稿费请大家吃顿饭，我的孩子没让来，他们不够资格。这里有工人、农民、解放军、领导在一起，不光吃饭，还要谈谈话嘛！"席间，毛主席不时给身边的董加耕、邢燕子和铁人夹菜，一一询问各人的身体和工作情况。当谈到大庆时，毛主席说："余秋里和石油工人们一起搞出个大庆来，很不错嘛！石油工人干得很凶，打得好！"又说："铁人是工业带头人，要工业学大庆。"铁人认真听着毛主席的话，内心感到无比激动。

宴会结束前，毛主席还特别告诫铁人他们几个工农和知青代表："你们不要翘尾巴，有些人不好，尾巴翘得太高了，要夹着尾巴做人。"出席党和国家领导人的生日宴会，这在当时是极高的政治荣誉，但铁人回到大庆后始终守口如瓶，从未向任何人提起，更没有以此作为资本而炫耀。直到1993年毛主席百年诞辰之际，当事人董加耕发表纪念文章披露了这件事，人们才了解到铁人还有一段如此光荣的经历。铁人始终牢记着毛主席的教导，一生谦虚谨慎，从不居功自傲。

铁人王进喜一生中曾多次受到毛主席的接见。1969年4月，党的第九次全国代表大会召开。作为主席团成员，王进喜参加了大会投票。投完票后从主席台前经过时，王进喜被周总理叫住，并向毛主席介绍。毛主席从座位上站起

1964年12月26日，王进喜(右)、陈永贵(中)、邢燕子(左)参加毛主席生日宴前握手
(图片来源:《铁人传》)

来说:“铁人王进喜,我认识,工人阶级的带头人。”并与铁人亲切握手。摄影记者在这一瞬间按下了快门,将其永远定格为一个时代的印记。这张与毛主席握手的照片,成为王进喜一生中和毛主席在一起的唯一一张合影。

王进喜不仅给毛主席留下了深刻印象,还始终受到周总理的关心、关怀和爱护,一生受到周总理的多次亲切接见。1966 年 9 月 29 日下午,王进喜作为石油工业部报捷团的团长到北京向党中央报捷,受到周总理和其他领导的亲切接见。

报捷之后,部分同志留下参加座谈会。座谈会开始时王进喜蹲在周总理的对面,擎着大大的花名册给总理看。“你多大了?”总理问。“我老了,干不动了。总理!”王进喜笑着回答。“你老了,那我怎么说呢?”总理也笑着说。这时大家都笑了。总理翻着花名册,一个一个地点着名,问大家情况。座谈时,当汇报到 1202、1205 钻井队情况时,总理问:“打到多少米了?”王进喜说:“8 月份已

王进喜住在中南海时,与劳模王顺达交谈(图片来源:《铁人传》)

上5万米，10月2日达到7万米，年内一定打上10万米。”总理说:“你们一定要超过美帝！”王进喜说:“12月份一定上10万米，超过它！”会谈结束时，王进喜把铝盔落在了地毯上，总理想起开始时铁人说他老了的话，拿起铝盔，戴在王进喜的头上，对他说:“小王，给你戴上！”王进喜孩子般地笑了。

1966年10月1日上午，王进喜登上天安门城楼，受到毛主席的接见，晚上又登上天安门城楼观看焰火，再次见到了毛主席和周总理。

还有一件事令他终生难忘。这次报捷中他和另外九名石油工人代表被毛主席请进中南海住了三天。每天晚上周总理忙完了都要来他们住的屋子探望，有次还带来了毛主席送的芒果和自己准备的梨。领袖们给铁人等工人的待遇就是给普通百姓的待遇、给劳动人民的待遇，领袖的心永远和人民在一起，领袖心里装着老百姓，人民永远爱戴自己的领袖。

扫一扫 看视频

17
精彩报告动京城

1964年12月，王进喜（左一）出席第三届全国人民代表大会第一次会议（图片来源：铁人王进喜纪念馆）

王进喜曾两次在人民大会堂做报告。第一次是1964年，王进喜当选为全国人民代表大会代表，于年底到北京出席了第三届全国人民代表大会第一次会议。在这次会议上，大会主席团邀请王进喜代表全国工人在大会上做汇报发言。王进喜以大庆石油会战为背景，以1205钻井队和钻井二大队工作为主线，汇报了大庆工人迎着困难上，与恶劣的自然条件和各种困难做斗争以及在会战中取得的成绩。王进喜的发言内容实在，讲得生动有气势，在全国人大代表中引起了强烈反响。王进喜成为登上人民大会堂做报告的第一位石油工人。

第二次是1966年2月16日，王进喜再次登上人民大会堂的讲坛，应邀为全国工业交通工作会议和全国工业交通政治工作扩大会议做报告。

王进喜参加第三届全国人民代表大会第一次会议并在人民大会堂发言(图片来源:《铁人传》)

报告这天，王进喜依然是在油田工作时的装束，头戴前进帽，身着有48道杠的棉工服，脚穿大头鞋。当余秋里引导他走上主席台时，台上国务院领导、国务院有关部门领导和台下数千名全国工交系统司局级以上干部，均报以热烈的掌声。王进喜的报告没有文字稿，只用一些小纸条列出简明的提纲。他以自然丰富的表情、协调有力的手势、洪亮的西北腔调向与会代表讲述了他和队友们为了早日拿下大油田，人拉肩扛运钻机、端水打第一口油井，教育引导青年克服困难、扎根油田，领导家属盖“干打垒”等事迹。王进喜的报告感情真实、事例生动、语言鲜活，因为没有文字稿，也就没有了官话和套话，充满了铁人式的风趣和幽默，给人一种全新的感觉。可以说在这场报告中，王进喜讲出了深度，讲出了气势，将个人魅力展现得淋漓尽致。王进喜讲会战生动真实，讲故事实在感人，分析问题鞭辟入里，让人听了很“解渴”。在报告中，王进喜除了重复“井无压力不出油，人无压力轻飘飘”“干，才是马克思主义；不干，半点马克思主义也没有”这些观点外，还冒出不少新鲜语言。比如，在讲到提高钻井质量时，他说："要打直井，首先我们脑瓜子里要有个直井，要有高度的政治责任心，脑瓜子里没有直井，一辈子也打不出直井来。"在讲1205钻井队出事故丢了标杆，分析原因时，他说："工人的问题是干部的问题，下面的问题是领导的问题，一切的问题是思想的问题。"每到这种精彩之处，会场都会响起一片掌声。王进喜文化程度不高，但他的优点是肯动脑、爱思考，善于用与现实生活联系紧密的小比喻来讲大道理，入情入理、引人入胜。

王进喜在全国工业交通工作会议和全国工业交通政治工作扩大会议上做报告(图片来源:《铁人传》)

最后王进喜说，现在到处都在支援越南人民进行抗美救国斗争，好多人写诗表达自己的决心，他也想写首诗表达一下，但文化水平低，写不来，就琢磨出几句给大家念念。他边说边打着手势，高声朗读道："手扶刹把像刺刀，钻杆就像飞机和大炮，压力一加钻头就向地球里边跑，打完进尺，原油就呼呼噜噜往地面冒，支援越南人民，气死美国佬。"朗诵完，全场都站了起来，报以长时间的热烈掌声。两个半小时的报告，生动幽默，吸引、鼓舞和征服了所有观众。报告一次次被掌声和欢笑声打断，人们近距离地感受到了铁人的风采及其人格与精神的魅力。

王进喜的报告引起了强烈的反响，轰动了整个北京城。会后中央各部委、解放军各总部，北京市多家单位和部门以及各新闻单位，纷纷向石油工业部发出邀请，想请王进喜去做报告。由于邀请过多无法一一满足，最后大家商定由王进喜在中央人民广播电台讲一场。这样，王进喜在中央台讲了大半个上午，录了音，剪辑后连续播放了好几天。中央台播出了以后，北京就传开了，说大庆有个王铁人，钢筋铁骨，力大无穷，能把贫油的帽子甩到太平洋里去。然而，广播仍无法满足大家进一步了解铁人的渴望，于是王进喜又到北京电视台讲了一次。

铁人上电视，这是第一次。电视台领导说，党和国家领导人一般最长讲 30 分钟，铁人也讲 30 分钟。正式播出那天，王进喜进入演播室，坐在两个聚光灯下照着提纲讲，讲到激动处就站起来讲。周围坐着观众，又是鼓掌，又是欢呼，有的还跳了起来，非常热烈。不一会儿领导的电话打进来，问为什么不给铁人预备毛巾，还让他用袖子擦汗。实际上桌子上有热毛巾，铁人不知道。过了一会儿电话又来了，问为什么不给上茶，铁人嗓子都哑了，工作人员赶快送茶。讲到 20 分钟时，电话又来了，要求让铁人继续讲，不要受时间限制。于是台长决定让铁人接着讲，最后讲了 53 分钟，压掉了好多后边的节目，又创造了一个纪录。

早在 1964 年 1 月，新华社记者田流等就来到大庆采访了王进喜及相关人员并做了报道。当年 4 月 19 日晚，中央人民广播电台播发了长篇通讯《大庆精神　大庆人》，报道讲述了王进喜的三个“经典故事”以及“铁人”称号的由来等感人事迹。次日，《人民日报》刊发了全文。铁人的事迹传遍了神州大地，宣传王进喜及大庆的报道也开始席卷全国，铁人王进喜成为继雷锋之后又一个享誉全国的典型人物，与此同时，铁人精神成为大庆精神的典型化体现和人格化浓缩。1966 年 1 月 3 日，《工人日报》用将近三个版面的篇幅刊发了长篇通讯《工人阶级的光辉形象——王铁人》，并配发社论《我们需要千千万万个铁人》。中央人民广播电台广播了该报道，这进一步推进了铁人形象的传播。王进喜这次在全国工交系统的精彩报告、中央人民广播电台的连续录音播送、北京电视台的播放，更是把对铁人的宣传与报道推到了最高潮。铁人已成为大庆人形象的代表，大庆精神在他身上得到了淋漓尽致的体现，铁人所散发出来的精神光芒深深地感动着每个人。在人们的心目中，铁人已从一个普通劳模成为一个顶天立地的民族英雄。

扫一扫 看视频

18
危难之际显担当

1966年6月4日，王进喜随中国石油代表团一行12人访问阿尔巴尼亚，历时52天。这是王进喜第一次，也是唯一一次出国。在莫斯科候机时，他参观了红场，瞻仰了列宁墓。这位43岁的西北汉子第一次坐上飞机，升上万里高空，“背负青天朝下看”，用更广阔的视角看世界，站在世界看祖国，思想上开出了一片新天地。访问中他震惊地得知，阿尔巴尼亚虽为欧洲小国，却“每人平均每年半吨油”。

铁人王进喜随团访问阿尔巴尼亚时，同大使馆工作人员合影留念(图片来源：《听亲历者口述铁人》)

从此，坚定了他“全国每人每年半吨油”的奋斗目标。

心怀“全国每人每年半吨油”大目标的王进喜回国后，全力支持1202和1205两个“钢铁钻井队”瞄准苏联一个“功勋队”曾创造的年钻40861米的最高纪录，要在1966年实现“年钻5万米，超过‘功勋队’”的目标。到8月18日两队双双打上5万米，实现了年初提出的奋斗目标。9月29日下午，王进喜作为石油工业部报捷团的团长，率领1202和1205钻井队、四川石油管理局32111灭火英雄钻井队、胜利油田创造一次取岩芯102.32米世界最高纪录的32104钻井队以及大庆劳动家属代表组成的代表团前往北京，受到周总理和其他领导的亲切接见。

王进喜参加石油工业部政工会，做了题为《为石油事业艰苦奋斗一辈子》的报告，首次提出了“全国每人每年半吨油”的奋斗目标（图片来源：铁人王进喜纪念馆）

王进喜跟大家说要坚持“抓革命、促生产”
（图片来源：铁人王进喜纪念馆）

1966年10月7日，深受报捷活动鼓舞，满怀信心、准备大干一场的王进喜回到大庆油田。但他突然发现，原有的油田指挥、副指挥全被打倒了，大多数基层领导都靠边站了，而活跃在台面上的却是各个红卫兵组织。此时，油田管理秩序混乱，原油产量锐减。他曾多次与红卫兵组织交涉，提出要“抓革命、促生产”，同时要求解放老干部，让老干部出来工作。王进喜的这些要求并没有得到红卫兵组织的回应，为此他非常忧心，也引起了他的思考。

1966年11月，在与红卫兵造反派的斗争中，王进喜越来越感觉到大庆油田形势的危急。再三思考后，1966年12月31日，他冒着极大的风险来到北京。1967年1月4日下午，王进喜向周总理汇报了大庆油田的情况。周总理知道大庆油田的混乱局面以后十分着急，向毛主席做了汇报，并提出对大庆实行军管的建议，得到毛主席的批准。1967年2月9日，农历大年初一，沈阳军区一个师的解放军部队开进大庆油田，对大庆实行军管，从而在危急时刻稳定了大庆的局势。

铁人的正直、坚定和勇敢得到了广大工人的拥护，但也惹恼了一些人，引起了张春桥的不满。1966年12月23日，张春桥在接见一个上海代表团时说：“王铁人也表现得很不好，可能走向他的反面。”“他地位发生了变化，影响很大，是个既得利益者，有名有利有地位，还有什么革命的要求呢？”之后，有人炮制黑材料，为铁人罗织了“十大罪状”，一些人私设公堂，刑讯逼供，要他承认大庆红旗是“黑”的，大庆标兵是“假”的。这些都遭到他的严词痛斥。他说：“大庆油田是大家勒紧裤腰带，饿着肚皮干出来的，大庆红旗是毛主席树立的。要我承认是面黑旗，这是痴心妄想，刀搁在脖子上也不行！”为此他被红卫兵召开大会批斗、关押，后来在周总理的直接干预下才被解救出来。

“文革”中，王进喜不顾个人安危，进行坚决斗争
（图片来源：《铁人传》）

1968 年 5 月 31 日，大庆油田革委会成立，王进喜担任革委会副主任。在“文革”艰难的环境中，王进喜忍辱负重，发挥了中流砥柱的作用。铁人是以干实活、办实事、讲信用、讲实效著称的，但“文革”使得油田科研工作无法开展，采油系统岗位生产责任制被废止，造成地层压力下降、石油产量下降、油井含水率急剧上升的“两降一升”等情况。更为严重的是，当时革委会主要领导对此视而不见，对外大讲形势一片大好，对内放任不管，对上报喜不报忧。在这严峻关头，王进喜挺身而出，向石油工业部、向周总理汇报了实际情况，周总理及时

做出大庆要“恢复‘两论’起家基本功”的批示。大庆油田的广大职工得知总理的批示，心情很激动。在“文革”的动乱岁月里，大家感到党中央、毛主席和周总理仍关心着大庆油田，关心着石油工业，因而以高度的责任心坚守岗位。针对 843 口问题井，他们逐井制订稳水增油方案，保证了大庆油田生产的正常进行，挽救了油田，恢复了各科研部门的正常工作和会战初期的一些传统有效做法，使得“文革”期间大庆持续稳产高产。1976 年，大庆原油产量达到年产 5000 万吨。

艰难方显勇毅，磨砺始得玉成。一个人的境遇往往决定他的作为，但铁人王进喜不这样。在顺境中他冲锋陷阵、争当先锋，想的是国家；在逆境中他想的还是国家。在危难关头，他坚持真理、实事求是，体现出鲜明的党性和原则，对保证油田不被破坏和生产正常运行，起到了中流砥柱的作用。

扫一扫 看视频

19
壮志未酬憾离世

王进喜自幼家贫，从小讨饭，吃不饱穿不暖，在旧社会受苦受累26年，身体底子很差。解放后当了钻工，为感恩新社会，报效新中国，他吃苦肯干。入党当了钻井队长后，他不服输的性格又使他养成了“全天滚”的习惯，即工作一吃紧，就黑天白日不离井场，饥一顿饱一顿，饭菜冷热也难有保障，由此患上了严重的胃病和关节炎。特别是在大庆石油会战中，作为会战最早树立的标杆，“五面红旗”之首的王进喜，一个大干接着一个大干，一个苦干接着一个苦干，长年累月得不到休息。担任大队长后，又要不停地跑井，而这一时期是粮食供应短缺的艰难时期。跑井时有三件宝——炒面袋、笔记本、羊皮袄，跑井遇到饭点时，王进喜常常用开水冲炒面或吃干炒面、喝白开水。这些都使他的胃病更加严重。同时，他在工作中多次受伤，如1960年“五一”前被砸伤了，还参加了万人大会，从来也没有正经治疗过，后来被证实是“脚面骨骨折未愈”。多次受伤使他落下了满身的伤痛。1961年4月下旬的一天，采油党委副书记李光明碰见王进喜坐在路边的草堆上，问他干什么，他说走累了歇一会儿。李光明发现他脸色苍白、呼吸不匀，额头上还渗出了汗珠。一问一答中，王进喜站起身来，一瘸一拐地向着远方的井架走去。

看着铁人远去的背影，李光明回想起1960年12月在北京发生的一件事情。当时，参加大庆石油会战的“汇报团”回玉门向干部职工汇报会战情况，铁人也参加了这次汇报活动。汇报完后，路过北京，余秋里部长、康世恩副部长都要他在北京多休息几天，并安排人领他到一个大医院进行了全面的身体检查。检查完，医生说他病得很重，并开了疗养三个月的病假证明。王进喜怀揣着病假条，走在长安街上，想起1959年国庆时观礼和群英会的情景，想起首都街头背着煤气包的公共汽车，想着大庆还有很多工作等着他去做……他将病假条撕碎扔掉了。这个细节恰恰被同行的李光明看到了，李光明本来想回到部里向部领导汇报，但因紧急情况回了大庆，后来把这事也忘了。

1961年王进喜到北戴河疗养时，在孟姜女庙留影
（图片来源：《铁人传》）

看着王进喜的背影，痛悔不已的李光明径直来到会战指挥部找康世恩汇报。康世恩听了很难过，说：“都怪我们太粗心了，太粗心了。”随即安排王进喜到北戴河疗养三个月。但王进喜在北戴河只待了一个多月就闹着要回油田，身体还没有好转，就又投入忘我的工作中。

1970 年 4 月王进喜回到玉门，这也是他最后一次回故乡（图片来源：铁人王进喜纪念馆）

长期带病工作使王进喜积劳成疾。1970 年 4 月，王进喜到玉门油田参加石油工业部召开的全国石油工作会议。会前，王进喜来到他的出生地——赤金，看望了乡亲们，并到油田看望了他的师傅郭孟和。会议期间，王进喜因为胃痉挛突然晕倒，经玉门油田卫生院检查认为病情严重。很快，王进喜被送到了北京，周总理亲自安排王进喜住进 301 医院。经检查，确定王进喜已是胃癌晚期。

1970 年 4 月，王进喜抱病参加全国石油工作会议，图为王进喜在大会上讲话（图片来源：《铁人传》）

王进喜住院期间，油田领导和工友们经常去医院探望。王进喜也非常乐观地认为，他一定可以战胜病魔，继续为拿下大油田奋斗。周总理在 301 医院看望其他领导人时，特地去看望了王进喜，另外还曾专门请邓颖超代表他到医院看望王进喜。

1970年国庆节，王进喜最后一次登上天安门城楼。他见到邓颖超时，非常高兴地告诉她："我的病马上好了！我很快要回油田了，回油田后我还可以为国家再干20年！"他哪里知道，此时他的病情已经严重到癌细胞肝转移，他现在之所以感觉稍好些，是因为医生为了减少他的痛苦用了大量的止痛药。了解铁人病情的邓颖超禁不住转过身去，流下了难过的眼泪。

国庆观礼后王进喜的病情日益加重，在生命的最后时刻，他用颤抖的手从枕头底下摸出一个小纸包，交给守候在床前的一位领导，说："这笔钱把它花到最需要的地方去，我不困难！"纸包里边是住院以来党组织给他的补助费和一个红色塑料笔记本，笔记本里夹着一张王进喜亲笔写的记账单。记账单上一笔

1970年10月1日，王进喜（前排右二）参加国庆观礼（图片来源：《铁人传》）

一笔写着住院期间组织上给他送来的钱数，在场的领导和同志们凝视着一分不少的现金和这张字字千金的记账单，想起他“赤条条一身来，空荡荡两手去”的一生，无不为之动容，留下感动的热泪。

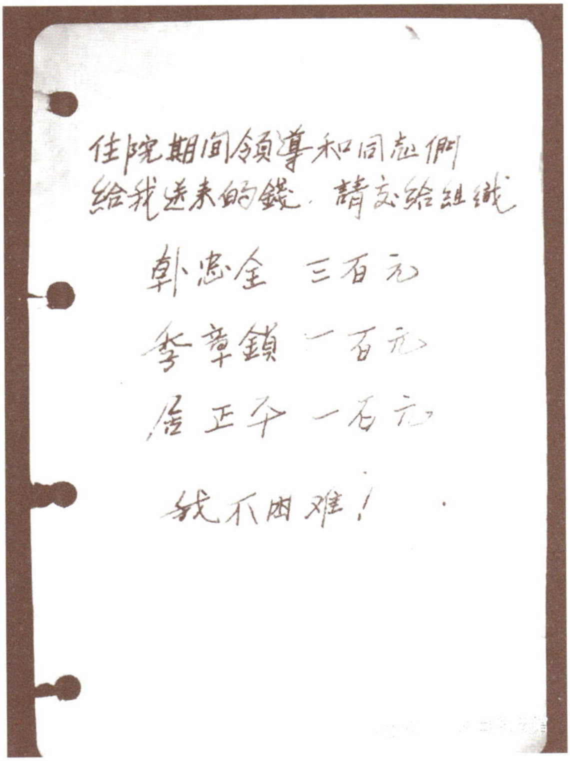
住院期间领導和同志們
给我送来的錢，請交给組織

郭忠金 三百元

李章鎖 一百元

屈正本 一百元

我不困难！

王进喜住院期间写下的记账单
（图片来源：铁人王进喜纪念馆）

1970年11月15日夜里，周总理得知铁人王进喜病危的消息，中断会议专程赶往医院。当周总理匆忙赶到医院时，王进喜已于23:42停止了呼吸。周总理只晚到了8分钟，没有见上王进喜最后一面。他俯下身去，用脸紧贴着王进喜的脸颊，一遍又一遍喃喃自语：“对不起！铁人，我来晚了。对不起！铁人，我来晚了！”“铁人啊！你怎么能瘦成这样！”就这样，周总理一遍又一遍，难过地呼唤着铁人的名字。

大庆油田渗透了周总理的心血，铁人身上凝聚着周总理的关爱。自1959年10月第一次见总理，到1962年与总理相识，再到1970年3月向总理汇报谋划扭转大庆局势，铁人一生和总理见面有30次之多。

铁人，这个用生命践行诺言的人，喊出“宁肯少活20年，拼命也要拿下大油田”的人，只活了47岁就抱病遗憾离世了。

据统计，1960年跟随王进喜从玉门到大庆参加会战的37人中，有29人没有活过 60 岁，其中 25 人没有活过 50 岁！

王进喜和他的队友们代表着那一批人、一代人，为了祖国富强、民族复兴，他们付出了忠诚，甚至生命！

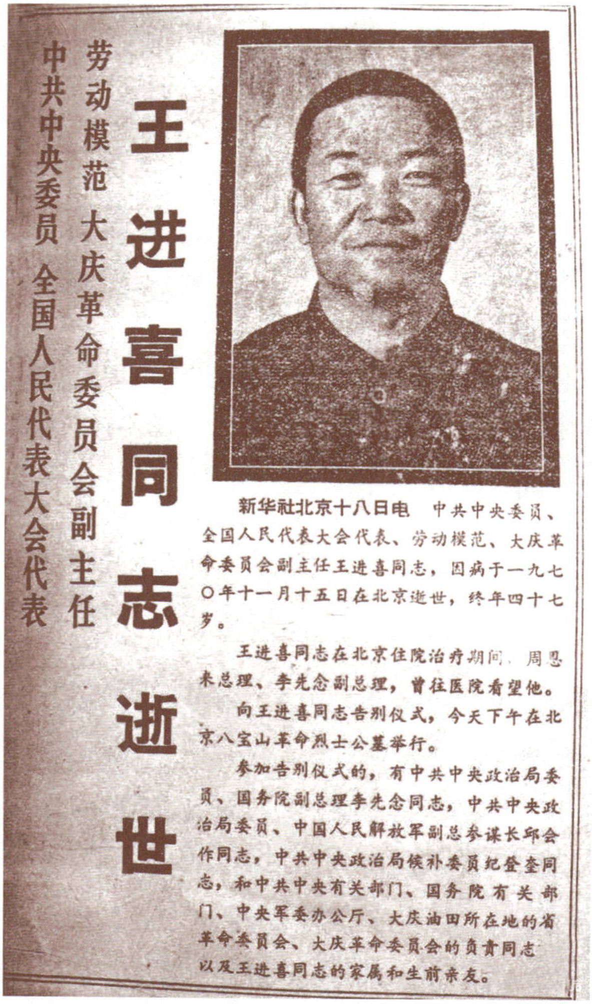

王进喜同志逝世

劳动模范 大庆革命委员会副主任

中共中央委员 全国人民代表大会代表

新华社北京十八日电 中共中央委员、全国人民代表大会代表、劳动模范、大庆革命委员会副主任王进喜同志，因病于一九七〇年十一月十五日在北京逝世，终年四十七岁。

王进喜同志在北京住院治疗期间，周恩来总理、李先念副总理，曾往医院看望他。

向王进喜同志告别仪式，今天下午在北京八宝山革命烈士公墓举行。

参加告别仪式的，有中共中央政治局委员、国务院副总理李先念同志，中共中央政治局委员、中国人民解放军副总参谋长邱会作同志，中共中央政治局候补委员纪登奎同志，和中共中央有关部门、国务院有关部门、中央军委办公厅、大庆油田所在地的省革命委员会、大庆革命委员会的负责同志以及王进喜同志的家属和生前亲友。

新华社刊登王进喜同志讣告(图片来源:铁人王进喜纪念馆)

王进喜同志逝世追悼大会(图片来源:《铁人传》)

11 月 18 日,玉门油田为铁人举行了隆重的追悼大会(图片来源:铁人王进喜纪念馆)

每当我们读到这段历史，大庆石油会战这幅史诗般的画卷就会在我们面前徐徐展开，此时，铁人王进喜这个英雄的名字就会跃然纸上，令人不得不由衷地感叹：

铁人赞

铁人是首歌，他震撼魂魄，洗涤心灵。

铁人有一个梦，多打井，多出油。为了石油，没有人像他那样把中华民族精神在个人的实践中体现得如此淋漓尽致。他用生命歌吟，用生命铸就英魂。

铁人是本书，他胸怀天下，用无限忠诚写就奋斗的人生诗篇，用火一样燃烧的激情，执着地呐喊着感天动地的豪迈誓言，一路前行。

铁人有一份情，他情系家国，为国奉献，矢志不渝，无怨无悔，奉献毕生。

让我们记住这首歌，追逐这个梦，读懂这本书，续写这份情。接过铁人的旗帜，在实现民族复兴的道路上一往无前，继续奋斗。

1970 年 11 月 15 日，全国劳动模范王进喜因胃癌逝世，年仅 47 岁（图片来源：铁人王进喜纪念馆）

背景资料

周总理对铁人王进喜的关怀

一个是共和国总理，一个是普通工人，但是他们之间却有着不同寻常的故事，其中体现着周总理对铁人无微不至的关怀。

邀请出席毛主席生日宴

1964年12月26日是毛主席71岁生日。这天，在周总理的安排下，王进喜作为唯一的工人代表，荣幸地出席了毛主席的小型生日宴。

在周总理的亲自安排下，王进喜与毛主席同桌就餐，平生第一次有机会与党和国家的最高领导人近距离地接触并谈话。此外，周总理还两度邀请王进喜出席国庆招待会，也就是人们所说的国宴。

鼓励钻井进尺创世界纪录

1966年5月3日，周总理第三次视察大庆油田。据时任石油工业部党委书记的康世恩回忆："当总理到1202和1205钻井队时，听说两个队当年都要打井5万米，总理非常高兴地对我们说：'他们两个队，如果每个队打井上5万米，国务院要鼓励他们。'随后总理又登上正在打井的钻台，钻井大队长铁人王进喜同志手扶刹把，给总理演示起钻、下钻和接钻杆的操作。总理高兴地边看边问：'能打多少米？'铁人说，今年保证上5万米。总理高兴地举起手，连声说了三个好。临离开钻井队时，总理又握着铁人王进喜的手，一再嘱咐说：‘你们这两个队，今年如果都打上 5 万米，要告诉我。’”

同年 9 月，1202 和 1205 钻井队钻井进尺达 7 万米，年底打出了 10 万米。在周总理的安排下，王进喜以石油工业部报捷团团长的名义率团进京报捷。9 月 29 日，周总理在天安门城楼接见了王进喜和报捷团成员。

安排出国并在国外同桌进餐

王进喜曾经出国到阿尔巴尼亚，这次出国与周总理有很大关系。

当时石油工业部给国务院外事办的《关于我部访问阿尔巴尼亚代表团增加人员问题的请示报告》中谈到，根据总理在大庆的批示，代表团出访时除执行原定的访问任务外，还需要介绍大庆油田的建设经验，“拟在代表团原有七名成员的基础上，增派大庆的政治部副主任、先进人物及家属代表各一名”。文件的附件是代表团人员名单，共计 12 人，王进喜名列其中。

1966 年 5 月 10 日，周总理签批：“同意。”由此可见，是周总理提议并亲自批准王进喜作为中国石油代表团成员出访阿尔巴尼亚的。

代表团 6 月 4 日抵达阿尔巴尼亚首都地拉那。让铁人王进喜欣喜的是，6 月 26 日，在阿进行国事访问的周总理在驻阿大使馆又一次亲切会见了王进喜，并与他共进晚餐。据与铁人王进喜一道访阿的大庆油田家属代表陶冰华回忆：“总理一走进宴会厅，就说：‘来，来！大庆人，王铁人，坐在我这里！’于是我俩就被安排坐在总理的左边和右边了。”席间，总理和王进喜说了不少话。

逆境中的救助

1966年底，少数阴谋者和一些不明真相的人在大庆搞串联，诬蔑大庆红旗是“黑”的，大庆标兵是“假”的，到处搜集铁人王进喜的黑资料，并大肆造谣、诬蔑王进喜是个假典型，是地主，是真国民党员、假共产党员，妄图打倒铁人王进喜。

周总理得知这一情况后，于1967年1月8日接见全国石油系统群众代表，义正词严地指出：“王进喜反对工人离开油田放弃生产，这是对的。为什么有人硬要反对大庆，硬要打倒铁人王进喜？这是阴谋，是为了毁掉毛主席树立的这个典型。无数的油井停下来了，我们忍心看着这样吗？‘抓革命、促生产’是这样抓的吗？”周总理的讲话对当时揪斗铁人王进喜的势头起到了一定的遏制作用。

然而，时间仅仅过去了半个月，一小撮人不顾周总理的警示，公然再次掀起批斗和迫害铁人王进喜的狂潮，使他的精神与肉体受到摧残。周总理得知这一情况后，在2月1日接见工业交通战线群众代表时激动地说：“大庆最近很乱，甚至还有人反对王铁人，我很着急，我一提起这件事就很激动，恨不能飞去看一看。”

随后，周总理很快就指派记者到大庆找到了王进喜，向他转达了自己的问候，王进喜激动地对记者说：“请转告周总理，我王进喜没有趴下。”几天后，国务院办公厅发来电报，传达周总理指示，让王进喜立即到北京。3月23日，周总理在北京接见了王进喜和其他同志。在这次接见中，周总理明确指出“王铁人是大庆油田的模范代表”“他对大庆有功”，又一次旗帜鲜明地保护了王进喜。

亲自听汇报

受“文革”的影响，20 世纪 60 年代后期，大庆油田出现了“两降一升”的局面，接连发生了一些事故，原油被盗的现象也时有发生。对此，身为大庆油田革委会副主任的王进喜忧心如焚，在做了大量调查研究的基础上，把问题提到了当时的大庆油田革委会常委会上，然而没有得到应有的重视。

1970 年 1 月，在石油工业部军管会召开的石油系统“抓革命、促生产”会议上，王进喜仗义执言，将大庆油田的真实情况面陈余秋里。余秋里听后感到问题严重，指示王进喜要进一步做准备，向周总理汇报。会议期间，周总理请王进喜到中南海去看阿波罗登月纪录片。总理边看电影边对王进喜说：“你说的大庆的情况我已经知道了。详细的情况你们准备一下，让石油工业部写一个报告。有时间，我邀请你们再谈一次。”

3 月 18 日，周总理约见王进喜，详细听取了王进喜的汇报，深入了解大庆油田的情况，并在石油工业部军管会报送的《关于当前大庆油田主要情况的报告》上做出重要批示：“要保护好大庆油田，加速解放大庆的干部；大庆不要忘本，要恢复‘两论’起家基本功。”

周总理的批示给大庆油田指明了方向，广大干部和工人受到鼓舞，较快地扭转了被动局面。

关爱家属，嘱咐发扬铁人精神

1970 年 4 月，在参加全国石油工作会议期间，王进喜胃病发作，在有关领导的劝说下，赴京检查治疗。周总理得知后，亲自安排他住进 301 医院，由著名专家医师会诊，但王进喜的病情仍时好时坏。

王进喜逝世后，周总理接见了王进喜在京的全体家属，并一一询问了年龄、工作和生活情况。接见王进喜妻子王兰英和弟弟王进邦时，周总理说："大庆是伟大领袖毛主席树立的红旗，要把这种精神发扬下去。你们要坚强起来，化悲痛为力量，把王进喜同志的精神发扬下去。"

对于纪念铁人，学习铁人精神，周总理还曾在 1971 年 1 月 31 日大庆油田革委会政治部给燃化部报送的《关于追悼和学习铁人王进喜同志活动的情况简报》上批示："铁人是个英雄，值得纪念；铁人精神，值得学习记载。"

（资料来源：刘仁．周恩来对王进喜的关怀．党史文汇，2008(4)：26-31）

王进喜一生见到周总理次数明细

时 间	事由及地点		次 数
1959 年 10 月 1 日	王进喜进京参加国庆观礼，在天安门观礼台上		1
1962 年 6 月 21 日	周总理第一次视察大庆油田时		1
1963 年 6 月 19 日	周总理第二次视察大庆油田时		1
1964 年 10 月 1 日	王进喜进京参加国庆观礼	在人民大会堂国庆宴会上	1
		接受党和国家领导人接见并留影	1
		登天安门城楼参加国庆观礼	1

续表

时　间	事由及地点		次　数
1964 年 12 月	王进喜进京出席全国人大三届一次会议	在开幕式上	1
		在闭幕式上	1
		26 日与周总理共同出席毛主席 71 岁生日宴会	1
		会议期间周总理单独接见王进喜	1
1966 年 5 月 3 日	周总理第三次视察大庆油田时，观看了铁人起下钻演示，嘱咐铁人要带领井队打上 5 万米		1
1966 年 6 月 26 日	王进喜随团访问阿尔巴尼亚期间，在阿首都地拉那受到周总理接见		1
1966 年 9 月 29 日	石油工业部组织报捷团进京向党中央报捷，铁人任团长。当天下午，铁人向周总理报捷		1
	报捷后，铁人参加周总理主持的座谈会。会后，总理还与铁人单独谈话		1
1966 年 10 月 1 日	王进喜与石油系统报捷团部分成员参加国庆观礼，在天安门城楼上		1
	王进喜观赏焰火表演，在天安门城楼上		1
1966 年 10 月 2 日	铁人被安排住在中南海，周总理晚间看望铁人		1
1967 年 1 月 4 日	王进喜进京向中央反映大庆油田混乱情况，周总理单独接见王进喜并听取汇报		1
1967 年 1 月 8 日	周总理在工人体育场接见石油系统职工代表，王进喜参加		1
1967 年 3 月 24 日	周总理在北京接见大庆军管会主任安怀、铁人和群众代表，当众宣布解放铁人，不准再批斗		1
1968 年 10 月 1 日	王进喜进京参加国庆观礼，在天安门城楼上		1

续表

时　间	事由及地点		次　数
1969 年 4 月	王进喜进京参加党的第九次全国代表大会	在开幕式上	1
		在闭幕式上	1
		参加选举大会并与毛主席和周总理合影	1
		在九届一中全会上	1
		“九大”期间周总理单独接见王进喜	1
1970 年 1 月	周总理请王进喜观看阿波罗登月纪录片，嘱咐铁人去江汉油田慰问、回访		1
1970 年 3 月 18 日	周总理接见王进喜，听取大庆油田情况汇报，并在汇报材料上批示大庆要“恢复‘两论’起家基本功”		1
1970 年 10 月 1 日	王进喜以中央委员名义登天安门城楼检阅游行队伍		1
1970 年 10 月	王进喜住 301 医院期间周总理前去看望		1
1970 年 11 月 15 日	铁人病危时，周总理赶到医院看望，可惜晚了几分钟，终成遗憾		
王进喜一生见到周总理次数总计			30

扫一扫 看视频

20
有关铁人的“一二三四五”

铁人王进喜在旧社会是个放牛娃，解放后在党的培养教育下，在新中国第一个石油化工基地玉门油田锻炼成长，成为劳动模范。1960年到大庆参加石油会战后，他很快从一个劳动模范变成了英雄模范。大庆石油会战的胜利使铁人王进喜这个会战中涌现出的杰出代表人物，成为全国人民家喻户晓的民族英雄。铁人在会战中的英雄事迹以及表现出的高尚品格和崇高精神，无时无刻不教育和鼓舞着人们。出于对铁人的敬仰，“铁人”甚至变成了一种文化现象。例如，产生了以铁人的语言特点为特征的诗歌类型——铁人诗歌，以铁人名字命名的电影、电视剧、话剧等，反映大庆精神、铁人精神的文学作品和专业书籍更是数不胜数，还有以铁人形象发布的纪念邮票等，铁人的形象还登上了1975年版的贰圆人民币（未正式发行）币面。这一切都说明铁人依然活在人们的心中，铁人精神依然是鼓舞和教育人们前进的力量之源。

铁人身上到底有哪些特质和品格如此吸引人们的目光和注意力呢？笔者将其总结归纳为“一二三四五”，用于帮助大家了解和掌握铁人的主要事迹和铁人精神的核心。

“一”就是一根筋。在铁人的身上，我们始终能够感受到坚韧不拔的精神。因为有种不服输的劲头，他保持了不断学习、不断进取的冲劲儿，学习先进，超越前人，最终超越自我。就像余秋里所说的，王进喜是一个不安于现状、不拘泥于常规、奋发思变的人。正因为这样，他才能做出常人做不到、不敢做，甚至不敢想的事。例如，在月钻井进尺平均只有 500 米的时候，他提出月上千、年上万的奋斗目标，并在 1958 年 9 月创出月进尺 5009.32 米的全国最高纪录；他破天荒提出钻机整拖搬家的想法，并用 14 台拖拉机实现了这样的想法；初到大庆，当别人都在等吊车、拖拉机时，他带领 1205 钻井队的兄弟们依靠人拉肩扛运钻机、破冰端水保开钻，打出了大庆石油会战的第一口井；在遇到井喷的危急关头，他不顾腿伤，奋力跳下泥浆池，英雄的壮举感动了无数国人。

王进喜手扶刹把（图片来源：铁人王进喜纪念馆）

“二”就是王进喜身上有两个显著的特点：一是懂得感恩；二是虽然文化程度不高，但聪明勤恳。

王进喜自幼家贫，父亲被人欺压导致双目失明，他 6 岁拉着父亲到处讨饭，10 岁给地主放牛。为了讨生活，他挖过煤，捡过黑油，在国民党管理的油矿打短工、扛长工，苦干10年，连个媳妇也没娶上。解放后，王进喜成为新中国第一代钻井工人，在党的培养下不但入了党，而且当上了钻井队长。王进喜的感恩思想，一方面表现为对母亲非常孝顺，另一方面是通过新旧社会对比，感恩新社会，感恩党的培养，认定了跟着毛主席跟着共产党，永生永世不回头。因为感恩，王进喜不仅拼命大干社会主义，而且在“文革”的混乱、迷茫中始终忠诚于党，在大庆油田最紧要的关头先后两次找到周总理，在危机中挽救了大庆油田；因为感恩，他从不居功自傲，身上始终保持着劳动人民的本色。

王进喜虽然文化程度很低，但聪明勤恳，这是他成为劳模、铁人，成为人们心目中的民族英雄的先决条件。因为文化程度低、底子薄，所以他始终保持着一种虚心学习的状态和好奇心，不断向前人和先进人物学习，同时又善于提出新的目标。更难能可贵的是他不但有目标而且有行动，更有落实目标的具体措施，最终成为一名既仰望星空又脚踏实地的实干家。

王进喜研究改进泥浆泵(图片来源:《铁人传》)

“三”就是王进喜身上有三个“三”的故事，这三个“三”的故事可以集中反映王进喜的身世和他的主要英雄事迹。第一个“三”就是王进喜解放前曾是一个讨饭娃、放牛娃和黑油娃。他6岁讨饭，10岁为地主放牛，十一二岁就开始在黑煤窑挖煤、在河边捡黑油以维持全家的生计，度过了苦难的童年。第二个“三”是指王进喜率领36名队员从玉门奔赴大庆参加石油大会战，刚下火车，不问吃不问住，先问钻机到了没有？井位在什么地方？这里的最高钻井纪录是多少？这反映了王进喜急于改变我国石油工业的落后面貌，把贫油的帽子甩到太平洋里去的迫切心情。第三个“三”就是发生在铁人身上的三个经典故事所反映的英雄事迹，即打第一口井时的人拉肩扛运钻机的故事和破冰端水保开钻的故事，以及打第二口井时遇到井喷，情急之下勇跳泥浆池，用带伤的身体搅拌泥浆压井喷的故事。这三个英雄事迹既是“铁人”称号的来源，也是大庆精神和铁人精神的发端。

王进喜（左二）和工人们一起钻井（图片来源：铁人王进喜纪念馆）

“四”则是王进喜以“为国分忧，为民族争气”的爱国主义豪迈气概喊出的四句经典名言所体现出的精神，即“宁肯少活20年，拼命也要拿下大油田”的忘我拼搏精神，“有条件要上，没有条件创造条件也要上”的艰苦奋斗精神，

王进喜常和技术人员分析钻头使用情况，革新改造钻头，并且用西瓜皮、萝卜等制作钻头模型，工人们都称他为“钻头迷”（图片来源:《铁人传》）

“干工作要经得起子孙万代检查”“为革命练一身硬功夫、真本事”的科学求实精神，“甘愿为党和人民当一辈子老黄牛”的埋头苦干的无私奉献精神。这些既反映了王进喜忘我拼搏、艰苦奋斗、科学求实、埋头苦干的精神，同时也是大庆精神的典型化体现和人格化浓缩。人们现在已习惯性地把大庆精神、铁人精神合成一个词，称“大庆精神铁人精神”。

“四”也可以用“四立”来概括：一是“立功”，王进喜从玉门到大庆，作为先进模范，一路充当先锋，为我国的石油事业立下了汗马功劳，带动了事业的发展；二是“立德”，王进喜的模范行为和高尚品格为人们树立了道德的模范、做人的楷模和学习的榜样；三是“立魂”，王进喜在为我们创造巨大物质财富的同时创造了铁人精神，这是“民族之魂”；四是“立言”，铁人一生给我们留下了几十条可以作为座右铭的名言警句，还有几十首诗。

“五”是指最能反映铁人崇高品格和思辨能力的“五讲”题词，即他于1966年10月4日给青年演员李光复的题词:“讲进步不要忘了党，讲本领不要忘了群众，讲成绩不要忘了大多数，讲缺点不要忘了自己，讲现在不要割断历史。”“五讲”题词所包含的朴实睿智的哲理与智慧，让人很难将其与没有上过

“钻头迷”王进喜在井场和工人们研究钻头(图片来源:《铁人传》)

学、工人出身的王进喜联系在一起,有人甚至怀疑这是否出自王进喜之手。然而,纵观王进喜的一生,无论是他在1959年初当劳模时在兰州的四句话发言提纲,还是拒绝1964年《人民日报》记者为他采写专题报道时的理由,以及他在自己的笔记本扉页上所写的“我自己的小本本上只能记差距”,都可以发现,无论地位如何变化,王进喜始终保持了工人阶级的本色,把党的培养放在第一位,把群众装在心中,站在大多数群众的一边,站在人民的一边。“五讲”题词正反映了王进喜做人的基本道德准则,是他日常生活中为人做事的大实话。王进喜这样一位具有博大胸怀、毫无自私自利之心,又善于思考、不断追求进步,把一切献给党、献给祖国和人民的英雄人物提出“五讲”再正常不过了。“五讲”题词既是王进喜一生的写照,更体现了他崇高的思想品格和一个英雄人物应有的非凡气度。

有关铁人的“一二三四五”,既反映了铁人的个人经历和主要特点,又包含了铁人的主要英雄事迹、铁人精神的基本内涵以及他作为一个英雄人物的思想、品格所达到的高度。所以,铁人的“一二三四五”也是学习、了解和把握铁人精神的核心。

铁人的音容笑貌铭刻在人们心中(图片来源:铁人王进喜纪念馆)

扫一扫 看视频

21 铁人精神永放光芒

大庆石油会战是我国石油工业发展史上的一个转折点、里程碑。总结历史，大庆石油会战之所以能迅速打开局面并取得全面胜利，首先取决于会战一开始，领导者们就根据党中央的指示，从实际出发，实时果断地做出了三项重大决策：

一是坚持一条道路——社会主义道路，充分发挥社会主义制度的优越性。在困难时期人力、物力、财力都有限的条件下，认真贯彻党的“奋发图强、自力更生、艰苦奋斗、勤俭建国”方针，通过大会战方式集中优势兵力打歼灭战，在局部上造成相对优势。

二是做出一个决定——学“两论”。明确提出要用毛主席的《实践论》《矛盾论》，即马克思主义、毛泽东思想的立场、观点和方法，指导大会战的全部工作，解决所面临的复杂矛盾和极端困难。

三是树立一个典型——铁人王进喜。号召全体会战职工向王进喜学习，人人学铁人，人人做铁人，放手发动群众，极大地调动了参战职工建设社会主义的积极性，解放了生产力，高速度、高水平地拿下了大油田。

由此可以看出，王进喜在大庆石油会战中的作用是不同寻常的，已经上升到和方针政策、指导思想同等重要的位置。

王进喜作为大庆石油会战最早树立的典型英雄人物，之所以标杆之旗越举越高，又能被群众广泛接受，发挥出榜样的无穷力量，究其原因有以下几点：

其一，余秋里曾长期在军队从事思想工作，有着丰富的思想政治工作经验，深谙我党我军思想政治工作的真谛。因此，在宣传报道和推广铁人王进喜的英雄事迹时，他始终把握不虚构、不拔高、不上纲上线，对铁人实事求是宣传报道的原则，使每一个会战职工都感到铁人就在身边，铁人鲜活生动的事例和感人的事迹，每一个人经过努力都可以做到。

其二，铁人个人无论是当劳模还是当英雄，当工人还是当干部；无论环境如何变化，职位、身份有何不同；无论是在鲜花与掌声当中，还是在日常的工作岗位上：都能够始终保持一个普通劳动者的本色，实实在在，从不居功自傲、骄傲自满。铁人文化程度不高，留下的文字资料很少，但据熟悉铁人和听过铁人报告的人们回忆，铁人在不同场合反复讲的一些内容主要就是几个方面：一是工作是全队工人干的，荣誉是党给的，自己干得很少，干得不好。二是自己是个放牛娃，在旧社会受苦，连个县长也没见着过，现在可不得了啦！只能好好干工作。三是在北京见了“煤气包”，知道国家缺油心里急，会战是带着“情绪”、憋着一口气来的，到了大庆恨不得一拳头砸出一口井来。看见只有一条胳膊的余部长在草原上奔忙，白发苍苍的老教授、老专家和工人一样住牛棚，很受感动，他们的压力我们要分担。四是遇见困难不能等、不能靠，“有条件要上，没有条件创造条件也要上”，没吊车就人拉肩扛，水不足哪怕尿尿也要打井开钻。五是在生死关头要豁得出命来干，喊出了“宁肯少活 20 年，拼命也要拿下大油田”的誓言。六是要给玉门的家乡父老增光，创造新纪录，回去向他们汇报。七是坚持学“两论”，抓住主要矛盾，敢想敢干，一切经过实践。“干，才是马克思主义；不干，半点马克思主义也没有”就是他学文化、学《毛泽东选集》后得出的结论。从人们回忆的以上七点可以看出，王进喜讲得既入情入理，又生动感人。这些话语既符合大会战的氛围，也使一个有血有肉、富有家国情怀的铁人形象永远根植于群众心中，那样的真切，那样的感人。

宣传报道的真实可信和铁人的感人事迹结合在一起，使人们感到，王进喜始终是一个来自普通群众，又永远和他们在一起的英雄，他的英雄壮举和光辉业绩感人至深，从而激励和鼓舞人们立下“中华儿女多奇志，敢教日月换新天”的壮志豪情。

铁人王进喜凭借高尚的品格及人格魅力，获得了大庆的广大干部和群众的深深爱戴。铁人去世后，1205钻井队的工友们为怀念他，自觉地把铁人生前使用过的工具、笔记、衣物、生活用品等遗物收集起来，在铁人到大庆后打的第一口井、铁人称号的产生地、铁人精神的诞生地——萨55井，自发办起了一个“铁人事迹陈列室”，供敬仰和怀念铁人的人们自愿参观学习。1971年10月1日，大庆油田成立的“铁人王进喜同志纪念馆”在萨55井旧址正式开馆，随后又选址新建了“铁人王进喜同志英雄事迹陈列室”。2006年，第四代铁人纪念馆即现在正式对外开放的“铁人王进喜纪念馆”建成，并成为国家一级博物馆。

铁人去世50年来，铁人王进喜纪念馆几经扩建，前往参观的人络绎不绝，铁人依然是人们心中的民族英雄，铁人精神始终绽放着时代的光芒。

铁人形象亲切、事迹感人，他豪迈的语言和英雄的壮举又有很强的震撼力，那么如何来集中表述和体现铁人精神呢？其内涵又是什么？

对铁人精神较为集中的概括表述最早出现在1996年10月出版的《余秋里回忆录》中，其第23章在“‘铁人’精神，光耀千秋”一节中讲到，“铁人精神”概括地说就是：为国分忧，为民族争气的爱国主义；宁肯少活20年，拼命也要拿下大油田的忘我精神；有条件要上，没有条件创造条件也要上的艰苦奋斗精神；干工作要为油田负责一辈子，经得起子孙万代检查的认真负责精神；不计名利，埋头苦干的无私奉献精神；当了干部还是个钻工，永做普通劳动者、廉洁奉公的公仆精神；同志间互相关心、互相帮助的团结友爱精神等。余秋里从以上七个方面概括了铁人精神。

对铁人精神最权威的概括，是2003年思想理论界纪念铁人王进喜诞辰80周年活动时正式提出的，并以《铁人精神：推进企业发展的不竭动力》为题发表于2003年《求是》杂志第17期。文中对铁人精神集中表述为："为国分忧、为民族争气"的爱国主义精神，"宁肯少活20年，拼命也要拿下大油田"的忘我拼搏精神，"有条件要上，没有条件创造条件也要上"的艰苦奋斗精神，"干工作要经得起子孙万代检查""为革命练一身硬功夫、真本事"的科学求实精神，"甘愿为党和人民当一辈子老黄牛"的埋头苦干的无私奉献精神。这高度概括的"五种精神"，此后便成为铁人精神的内涵。

铁人不仅仅是一个先进人物的代表，更体现着一种精神，也是一种力量，凸显了一种坚韧不拔创业的勇气，成为一个标志，凝缩着一个民族不畏困难的民族气概。几十年来，无数中华儿女以铁人为榜样，在祖国的建设大业中，兢兢业业，无私奉献，创造了许多令世人震惊的奇迹，为祖国争得了荣誉。所以，铁人精神不仅仅是一个时代的影子，凝缩

了一个民族、一个国家的精神风貌，凸显了中华民族不懈拼搏、创造未来的民族气概，更是激励我们实现民族伟大复兴的不竭动力。

铁人王进喜的故事讲完了，但铁人王进喜奋力跳入泥浆池的壮举，拼命也要拿下大油田的钢铁意志，为祖国献石油的万丈豪情，犹如钧天之乐，鸣奏永恒。铁人精神，永放光芒！

背景资料

铁人文化现象

铁人王进喜是大庆人的杰出代表,中国石油工人的光辉典范,中国工人阶级的先锋战士,中国共产党人的优秀楷模,中华民族的英雄。他为祖国石油工业的发展和社会主义建设立下了不朽的功勋,在创造了巨大物质财富的同时,还给我们留下了宝贵的精神财富——铁人精神。60多年来,铁人精神以其特有的旺盛的生命活力和张力,展现出巨大而深远的影响力,教育和鼓舞着一代又一代中国人。

有人提出,铁人文化是以王进喜的称号"铁人"为基本特征,以传播和弘扬铁人业绩、铁人精神为核心而产生的文化氛围、文化活动、文化景观、文化事业等系列文化现象,即铁人文化现象。

多年来,除了宣传报道大庆精神和铁人精神的各种书籍、大量学术文章外,还产生了许多与铁人直接相关的影视作品、诗歌、传记,甚至还有邮票、人民币等。

以铁人为原型或直接以铁人名字命名的影视作品有:20世纪70年代中期,第一部以铁人为原型、讲述铁人故事的电影《创业》;1990年元旦,首先在中央电视台上映的8集电视连续剧《铁人》;2009年4月,在北京首映的电影《铁人》;2011年,在建党90周年前夕上映的电影《铁人王进喜》;此外,还有大型多媒体话剧《铁人轶事》、大型电视纪实片《铁骨柔肠王进喜》、文献纪录片《铁人王进喜》等。

2000年前后,有多部铁人传记文学先后出版,主要有《铁人王进喜》(张怀德著,银河出版社1997年12月出版),《铁人之路》(戴祝文著,黑龙江美术出版社 2001 年 1 月出版),《铁人传奇》(杜显斌著,中央文献出版社 2003 年 7 月出版),《石油人生》(薛涛著,红旗出版社 2005 年 12 月出版),《铁人传》(孙宝范、卢泽洲执笔,中央文献出版社 2009 年 9 月出版)。

人们还把铁人写的诗和写铁人的诗统称为“铁人诗歌”。铁人诗歌是铁人精神传承下去的鲜活载体。目前,铁人诗歌已经过万首。在大庆还有一本由著名作家魏巍题写刊名的《铁人文学》杂志。中华文学基金会和铁人文学专项基金管理委员会在全国石油石化行业设立了一项旨在表彰奖励在石油石化工业题材创作方面涌现出的优秀文学作品和作家的大奖——中华铁人文学奖。

在大庆,遍布着以铁人名字命名的学校、广场、社区、公园、街道办事处,甚至派出所等。不仅铁人元素已浸入人们的日常生活中,铁人精神也在滋养着人们的心灵。而在所有表现形式中,最能够让人近距离、生动逼真地感知那段历史,感受伟大精神力量的,当属铁人纪念馆。

铁人纪念馆

目前,在全国有四个铁人王进喜的纪念馆。

王进喜故居纪念馆

最朴实的纪念馆——王进喜故居纪念馆。它坐落在铁人王进喜的家乡——甘肃省玉门市赤金镇,那几间茅草屋以及屋里王进喜童年用过的生活用品,仿佛还在诉说着那个讨饭娃苦难的童年，诉说着铁人精神的源头。王进喜故居纪念馆从展览方面着重突出了这位农民的儿子如何在中国共产党的领导下翻身得解放、当家做主人，如愿以偿地当上一名石油工人的成长历程，以及他满怀对党和人民的无比热爱、对社会主义祖国的强烈情感献身祖国的石油工业，呼喊出“宁肯少活 20 年，拼命也要拿下大油田”的铮铮誓言，并从多方面讴歌了这位当代石油铁人的不朽功绩。

铁人王进喜故居

充满乡情的纪念馆——玉门市铁人王进喜纪念馆。它坐落在甘肃省玉门市，记录了铁人在玉门 10 年的辉煌历史。该纪念馆先后被评为国家 AAA 级红色旅游景区、酒泉市爱国主义教育基地和国防教育基地、甘肃省廉政教育基地、甘肃省爱国主义教育基地、中共党史教育基地和中石油企业精神教育基地。现已成为玉门市弘扬铁人精神、传承铁人文化、宣传铁人事迹的重要窗口单位。

玉门铁人王进喜纪念馆

以“工人”为特征的纪念馆——大庆铁人王进喜纪念馆。它是我国第一座工人纪念馆，主体建筑外形为“工人”两个字的组合，高47米，正门台阶47级，寓意着铁人47年不平凡的人生历程。该纪念馆以“爱国、创业、求实、奉献——石油魂”为主题，是铁人精神、大庆精神的传播基地和爱国主义教育的生动课堂。该纪念馆是中国石油天然气集团公司企业精神教育基地、全国爱国主义教育示范基地、全国工业旅游示范点、黑龙江省军区“革命传统教育基地”、国家AAAA级旅游景点。

大庆铁人王进喜纪念馆(正面)

大庆铁人王进喜纪念馆(侧面)

在2009年10月举行的第八届(2007—2008年度)“全国博物馆十大陈列展览精品奖”评选中，大庆铁人王进喜纪念馆“石油魂——铁人王进喜生平业绩陈列”荣获“十大精品奖”。

大庆铁人王进喜纪念馆是大庆人的“西柏坡”，是大庆的一张耀眼名片。

别致的校中之馆——西安石油大学铁人王进喜纪念馆。该纪念馆布展面积800平方米，共分苦难童年、赤诚报国、艰苦创业、科学求实、无私奉献、鞠躬尽瘁、亲切关怀、精神永存八部分。通过实物、场景复原、雕塑、图片、视频资料等多种手段，将铁人精神具体化，再现了王进喜光辉的一生，并记录了我国石

油工业发展初期的艰辛历程。该馆是西安石油大学广大师生员工和石油科技、教育、企事业单位等社会各界人士学习铁人精神、了解中国石油工业的窗口与平台。

西安石油大学铁人王进喜纪念馆

学生参观铁人王进喜纪念馆

入学新生参观铁人王进喜纪念馆

来校培训学员参观铁人王进喜纪念馆

领导干部参观铁人王进喜纪念馆

铁人邮票

为纪念我国石油自给自足，国家邮政局1972年发行了一套铁人邮票。画面呈现的是在数九隆冬的北大荒，王进喜手握刹把，傲然挺立在井台上进行石油钻探的情景，他的脸上流露出自豪的神情。画面的背景是繁忙的石油建设工地。设计者使王进喜的半身像占据了几乎整个画面，以突出他的高大形象。王进喜逝世后，其形象四次出现在邮票上，获此殊荣的除毛主席以外，仅王进喜一人，足见铁人的历史地位。

铁人王进喜邮票：铁人王进喜在工作

大庆红旗邮票：铁人——王进喜

铁人钱币

1975 年中国人民银行印制贰圆未发行试模样票一枚，正面图案为特殊时期英模人物铁人王进喜，背面为大庆油田建设工地，正、反面单面印刷，五角星水印。

1975 年贰圆样票

本书作者收藏的铁人练习钞（正面）

铁人雕塑

铁人雄风

“两论”导航

人拉肩扛

铁人公园

铁人公园

铁人王进喜年谱

（1923—1970年）

1923年

10月8日（农历癸亥年八月二十八），出生于甘肃省玉门县赤金区，乳名“十斤娃”。其父王金堂，1894年生，农民；其母何占信，1896年生，农妇。

1928年

5岁，父亲王金堂为争一口气打官司，被屈打监禁，急瞎了双眼。

1929年

6岁，玉门大旱，闹虫灾，王家颗粒无收。王进喜拉着双目失明的父亲四处乞讨。

1933年

10岁，到祁连山支脉妖魔山为地主张武寅家放牛。

1935年

12岁，到伪区长家要到白布顶还被霸占的土地，取得平生第一个胜利。

1936年

13岁，到红沟煤窑下矿背煤。

1937年

14岁，被抓夫到安西修公路；后被抓兵，在关押时挖掉门墩逃进深山；后受雇到石油河畔老君庙淘金、挖石油。

1938年

15岁，被抓夫到玉门油矿修公路、平井场，后取保进矿当长工、出苦力。

1942年

秋，在老君庙修井场时被大铁板砸伤右腿。矿里不给治，还将他除了名，只好回家养伤。

1943年

春，回矿顶别人空名到驮运队当小工，给职员家送生活用油和水。

1947年

24岁，结婚，其妻王兰英，赤金西湖村人，1930年生。

1948年

在驮运队经常为钻井队运料，强烈地爱上了钻井工作。

1949年

年初，矿上发工资让工人回乡，王进喜不走，参加护矿斗争。

9月25日，玉门油矿解放，和工友们步行十几里欢迎解放军。

1950年

春，新生的玉门油矿正式招工，王进喜以顽强的意志通过考试，在老君庙钻探大队30型钻机上当了钻工，成为新中国成立后的第一代钻井工人。

夏，到职工学校学文化，结业后回钻井队。

1951 年

春，父亲王金堂去世。为支援抗美援朝，捐出一个月的工资，用于购买“石油工人号”战斗机。

1953 年

提为副司钻。翌年，调到贝乌 5 队，任司钻。

1956 年

4 月 29 日，被批准加入中国共产党。不久，被提拔为副队长。

6 月，接任贝乌 5 队队长。自此，带领全队大打翻身仗。

11 月，试验钻机整拖搬家成功。

年底，全年进尺上万米，贝乌 5 队进入先进钻井队行列。

1957 年

3 月，在发生过井喷的废墟上打成新 319 井。向全矿提出“增产节约”倡议，修旧利废，坚持打井，完成全年任务，受到石油工业部领导表扬。

1958 年

7 月，带队争上白杨河油区打井，提出“月上千，年上万，祁连山上立标杆”的口号。

9 月，月钻井 5009. 32 米，创全国最高纪录。《人民日报》刊登新华社发布的消息:“玉门王进喜钻井队 9 月份月进尺 5009. 32 米，创世界少有的纪录。”

10 月，到新疆克拉玛依参加石油工业部召开的现场会，在会上做了“打个最高纪录向毛主席报喜”的发言，荣获石油工业部颁发的“钻井卫星”红旗。

年底，贝乌 5 队年打井超过 2 万米。

1959年

1—7月，带领贝乌5队超额完成钻井计划。

8月，提前16天完成了当月的钻井任务。

9月，参加甘肃省劳模大会。

10月1日，在天安门观礼台上参加国庆观礼，第一次见到毛主席。

10月26日至11月8日，在北京参加全国工交群英会。会后，应邀到山东、河南等地传授经验。

12月2日，回到玉门。

1960年

1月，在群英会精神鼓舞下，带领钻井队坚持冬季打井，创出了26天零9小时开钻四口井、完钻三口井的好成绩。同时，带领骨干暗暗做好去东北参加会战的准备工作。

3月15日，带领钻井队36名工人从玉门东站乘车出发，赴东北参加大庆石油会战。

3月25日，到达萨尔图。因钻机未到，抓紧时间做好钻前准备工作，组织“义务装卸”。

3月30—31日，在萨中指挥部召开的动员会上提出要和1202钻井队等标杆队展开竞赛的倡议，喊出“有也上，无也上”的口号。

4月2日，钻机到达，组织全队用“人拉肩扛”的办法安装钻机。

4月7日，萨中指挥部党委会上，工作组汇报王进喜事迹和房东赵大娘称其为“铁人”的情况，党委决定立即向上级汇报。

4月9—11日，第一次油田技术座谈会在安达召开。会上，余秋里号召：“向铁人学习！人人争做铁人！”一个“学铁人、做铁人”的活动在全油田展开。会议同时做出学“两论”决定。王进喜在实习大学生的帮助下，同指导员一起组织全队学习《实践论》《矛盾论》，讨论什么是主要矛盾。为保证开钻，带领全队靠盆端、担挑、马车拉等办法备下足够的用水。

4月14日，1205钻井队到大庆的第一口井——萨55井开钻。萨中指挥部在井场召开了"学铁人"现场会。

4月19日，萨55井完钻，实际进尺1200米（设计井深1020米），只用5天零4小时，创造了到大庆后的第一个纪录。

4月29日清晨，组织放井架时，右腿被砸伤，坚持参加万人誓师大会。

5月，1205钻井队搬到杨四屯，打生产试验区的第一口井——2589井，打到700多米时发生井喷。王进喜带伤跳进泥浆池，用身体搅拌泥浆，压住井喷。这口井4天完钻，创出了日进尺535米的新纪录。全月进尺2060米，创会战以来月进尺纪录。

6月，1205钻井队实现"四开四完"，创造了班进尺225米、日进尺707.49米的新纪录。

7月1日，油田召开万人大会，会上树立了"五面红旗"，号召在继续"学铁人"的同时，开展学习"五面红旗"活动。王进喜同其他16名老工人一起被任命为钻井工程师。

8月，1205钻井队战胜雨季，实现"五开五完"，创造班进尺432.98米、日进尺738.24米、月进尺5466米的新纪录。

10月，被任命为钻井指挥部装建大队大队长。

12月，参加汇报团，回玉门汇报。

年底，大会战取得了决定性胜利，1205钻井队全年交井19口，总进尺21258米，创造了班进、日进、月进尺和搬家、下套管、固井等一批高纪录。

1961年

2月，调任新组建的钻井指挥部钻井二大队大队长。

3月，在南线高压区选点建大队机关。动员大家树立信心，总结经验，预防井喷，打好高压井。主动找机关干部们帮忙，边学文化，边学毛主席著作，努力用毛泽东思想解决工作中遇到的问题。

4月，“四一九”质量大会以后，到1205、1281钻井队等先进队蹲点，开始试验“填满式”钻井工艺，摸索打直井的经验。

5月，组建农副业队，在杨树林开荒，建设农副业基地。组建基建队，开始盖“干打垒”。

5月20日，到北戴河疗养，疗养期三个月，只住了一个多月就回到工作岗位。

秋，在解放村建起第一所小学。

年底，全面完成钻井生产任务，大队各项建设也打下了很好的基础。

1962年

5月，按油田和钻井指挥部统一部署，总结1281钻井队经验，建立钻井生产的各项岗位责任制。

夏，着手办粮店、商店、邮局，建卫生所、作坊等，自建土砖窑大量烧砖。

1963年

春，在北线建立“前线指挥所”，领导各钻井队加速打优质井，开发北区。

12月25日，我国石油基本自给，中国人民依靠“洋油”的时代一去不复返。王进喜在省城开会，得到消息后高兴得楼上楼下跑，一夜未眠。

12月底，钻井二大队和一大队一起组队打第一口冰上试验井，王进喜吃住在井场，直到取得成功。

1964年

春，长篇通讯《大庆精神　大庆人》发表，一直处于保密中的大庆油田被公开宣传，铁人王进喜的名字传遍全国。

12 月，被选为人大代表，出席第三届全国人民代表大会第一次会议，并做汇报发言。

12 月 26 日，毛主席 71 岁生日，王进喜、陈永贵、董加耕、邢燕子四位劳模受邀一起用餐。

1965 年

4 月，被中共大庆石油会战工委任命为钻井党委常委、钻井指挥部副指挥。

7 月 24 日，在石油工业部政工会上做题为《为石油事业艰苦奋斗一辈子》的报告，首次提出“全国每人每年半吨油”的奋斗目标。

1966 年

2 月 16 日，在全国工业交通工作会议、全国工业交通政治工作会议上做《为无产阶级革命事业奋斗一辈子》的报告。

2 月 24 日，中央批准王进喜任大庆石油会战指挥部副指挥。

4 月 6 日，被石油工业部授予“石油工业部五好标兵”。

6 月 4 日—7 月 25 日，作为中国石油代表团成员访问阿尔巴尼亚，访问中得知该国石油产量平均每人每年有半吨时受到震动。从此，这“半吨油”同当年的“煤气包”一样，成为铁人继续前进的动力。

9 月 3 日—10 月 6 日，带领报捷团赴京，向党中央、国务院报捷。

10 月 1 日，作为工人阶级和大庆的代表在天安门城楼上参加国庆观礼。

12 月 31 日，去北京反映“文化大革命”中大庆的情况。

1967 年

1 月 4 日，受到周总理接见，汇报大庆的形势。

1 月 8 日，参加在北京工人体育馆举行的周总理接见全国石油系统群众代表大会，听取周总理讲话。

1月10日，回大庆，积极传达周总理“一•八讲话”精神，呼吁要坚持“抓革命、促生产”。

2月4日，油田一些群众组织召开所谓“打倒王进喜誓师大会”，王进喜受到残酷的批斗。

2月9日（农历正月初一），大庆实行军管。

2月21日，军管会按周总理指示从大庆井下小学把正在受迫害的王进喜营救出来，送到北京。

3月下旬，周总理接见王进喜及军管会和群众代表，当众宣布铁人在大会战中立了大功，历史清楚，不准再批斗。

4月，参加钻井指挥部“抓革命、促生产”一线班子。

1968年

4月27日，钻井革委会成立，被推选为副主任。

5月31日，大庆革委会成立，被推选为副主任。

1969年

2月，中共大庆党的核心小组成立，担任副组长。

4月，参加党的第九次全国代表大会，被推选为主席团成员，并当选为中央委员，受到毛主席、周总理接见。

7月，建议并组建了大庆钻井废旧物资回收队。

1970年

1月，参加石油工业部在北京召开的“抓革命、促生产”工作会议，汇报大庆油田地下形势恶化等问题，引起党中央、国务院的高度重视。

2月，带队到江汉油田回访和慰问。

3月，在参加石油工业部召开的支援江汉会战会议期间，向周总理汇报了大庆情况和油田生产存在的问题。

3月18日，周总理在石油工业部军管会根据王进喜汇报内容整理的一份报告上批示大庆要“恢复‘两论’起家基本功”。

4月，到玉门参加石油工业部召开的全国石油工作会议，并在大会上发言。会议期间回赤金老家看望了乡亲。准备提前离会回大庆时，胃病复发。

4月17日，离开玉门去北京检查。

4月19日，住进中国人民解放军301医院，经专家会诊，确诊为胃癌。

5月4日，做胃切除手术，后开始化疗。

10月1日，参加新中国成立21周年国庆观礼，以中共中央委员身份在天安门城楼上参加检阅。妻子王兰英在观礼台上参加观礼。

11月15日，在北京逝世，享年47岁。

11月18日，在北京八宝山革命烈士公墓礼堂举行向王进喜同志告别仪式，与此同时，大庆油田和玉门油田也举行了追悼大会。

参考文献

[1] 毛泽东．毛泽东选集:第一卷．2 版．北京:人民出版社，1991.

[2] 毛泽东．毛泽东选集:第二卷．2 版．北京:人民出版社，1991.

[3] 毛泽东．毛泽东选集:第三卷．2 版．北京:人民出版社，1991.

[4] 毛泽东．毛泽东选集:第四卷．2 版．北京:人民出版社，1991.

[5] 中共中央东北局经济委员会．大庆油田政治工作经验．沈阳:辽宁人民出版社，1965.

[6] 黑龙江省社会主义先进集体、劳动模范事迹和经验选编小组． 学铁人精神 走大庆道路——黑龙江省 1972 年度社会主义先进集体、劳动模范标兵事迹和经验选编．哈尔滨:黑龙江人民出版社，1973.

[7] 中共大庆委员会政治部． 中国工人阶级的先锋战士——铁人王进喜． 北京:人民美术出版社，1974.

[8]《对大庆经验的政治经济学考察》写作组．对大庆经验的政治经济学考察．北京:人民出版社，1979.

[9] 大庆市政协文史资料研究委员会．大庆油田的发现:大庆文史资料第一辑．哈尔滨:黑龙江人民出版社，1987.

[10] 申力生．中国石油工业发展史:第二卷(近代石油工业)．北京:石油工业出版社，1988.

[11] 玉门石油管理局史志编纂委员会．玉门油矿史(1939—1949)．西安:西

北大学出版社，1988.

[12] 田润普,朱自成,张海陆．大庆石油会战．北京:中国文史出版社，1990.

[13] 山东省总工会．铁人精神代代传．济南:山东大学出版社，1990.

[14] 中共黑龙江省委党的生活杂志社．铁人精神赞——王进喜的故事．上海:上海人民出版社，1990.

[15] 陈道阔．中国石油大会战．北京:八一出版社，1994.

[16] 中国石油报社．回忆康世恩．北京:石油工业出版社，1995.

[17] 余秋里．余秋里回忆录．北京:解放军出版社，1996.

[18] 大庆油田《石油师人》编委会．石油师人——在大庆油田纪实．北京:石油工业出版社，1997.

[19]《康世恩传》编写组．康世恩传．北京:当代中国出版社，1998.

[20] 张海陆．创业年代．哈尔滨:哈尔滨出版社，1998.

[21] 乔东光,吕荣斌,王冬．亲切的关怀　永远的激励——党和国家领导人与大庆建设纪实．北京:中央文献出版社，1999.

[22] 和谷,路小路．中国百年油矿．北京:人民文学出版社，2005.

[23] 铁人井队写作小组．铁人钻井队．北京:红旗出版社，2005.

[24] 李懂章．二号院的故事．哈尔滨:黑龙江人民出版社，2006.

[25] 宇文利．中华民族精神现当代发展新论．北京:北京大学出版社，2007.

[26] 大庆油田1202钻井队写作组．不卷刃的尖刀．哈尔滨:黑龙江人民出版社，2008.

[27] 金一南．苦难辉煌．北京:华艺出版社，2008.

[28] 中共大庆市委党史研究室．工业学大庆史．北京:中共党史出版社，2008.

[29] 中共大庆市委党史研究室．大庆石油会战史．北京:中共党史出版社，2008.

[30]《铁人王进喜》编委会．铁人王进喜．北京：石油工业出版社，2009.

[31] 陈道阔．余秋里与石油大会战．北京：解放军文艺出版社，2009.

[32] 王进喜．为石油事业艰苦奋斗一辈子．北京：中央文献出版社，2009.

[33] 大庆油田铁人传写作组．铁人传．北京：中央文献出版社，2009.

[34] 大庆油田有限责任公司．大庆油田企业文化辞典(50 年)．北京：石油工业出版社，2009.

[35] 大庆油田有限责任公司．大庆油田五十年文史资料汇编：第一卷．北京：石油工业出版社，2009.

[36] 大庆油田有限责任公司．大庆油田五十年文史资料汇编：第二卷．北京：石油工业出版社，2009.

[37] 大庆油田有限责任公司．大庆油田五十年文史资料汇编：第三卷．北京：石油工业出版社，2009.

[38] 大庆油田有限责任公司．大庆油田五十年文史资料汇编：第四卷．北京：石油工业出版社，2009.

[39] 中共大庆市委党史研究室．大庆油田史．北京：中共党史出版社，2009.

[40] 宋连生．工业学大庆始末．北京：九州出版社，2011.

[41] 黄宏,盖立学．大庆精神．北京：人民出版社，2012.

[42] 孙宝范,卢泽洲．听亲历者口述铁人．哈尔滨：黑龙江人民出版社，2012.

[43] 许俊德．精神家园——铁人精神研究论文集．北京：中央文献出版社，2013.

[44]《石油老照片》编委会．石油老照片(三)．北京：石油工业出版社，2013.

[45] 陈道阔．余秋里画传．北京：人民出版社，2014.

[46] 大庆油田有限责任公司《大脚印》编纂委员会．大脚印——大庆油田勘

探开发历程揭秘:上部. 北京:石油工业出版社, 2014.

[47] 查全衡. 迎接石油上游业革命的思考. 北京:石油工业出版社, 2015.

[48] 刘晓华,陈立勇,张文彬. 大庆精神及其当代价值. 北京:人民出版社, 2017.

[49] 马英林. 铁人精神——从文化现象到民族遗产. 哈尔滨:黑龙江人民出版社, 2018.

[50] 大庆油田有限公司技术发展部《匠心》编撰组. 匠心——话说技术革新那些事. 北京:中国工人出版社, 2019.

[51] 大庆油田有限责任公司工会. 石油印象. 北京:中国工人出版社, 2019.

[52]《改革先锋——王启民》编写组. 改革先锋——王启民. 北京:石油工业出版社, 2019.

[53] 闫建文. 回望石油发现井. 北京:石油工业出版社, 2019.

[54] 张玉春. 永恒的石油魂——大庆精神铁人精神资料集锦. 北京:中国石化出版社, 2019.

[55] 铁人学院. 大庆精神、铁人精神学习读本. 北京:中国工人出版社, 2020.

[56]《石油精神——文献石油 70 年》编写组. 石油精神——文献石油 70 年. 北京:石油工业出版社, 2020.

[57] 郭岗彦,党绥梅. 大庆精神铁人精神概论. 北京:石油工业出版社, 2020.

后　记

在新世界变局、新科技浪潮和新生产生活方式的背景下，我们如何对铁人卷帙浩繁的研究成果进行创造性转化和创新性发展，并找到继承与发扬铁人精神的时代契合点，这是非常有现实意义的时代课题。

鉴往事，知来者。历史是最有说服力、最生动的教科书。铁人王进喜的成长经历、思想灵魂及精神价值仍然需要我们更加深入地研究、挖掘，铁人精神的讲述技巧与方法也需要我们进一步探讨。只有以鲜活生动的方式讲述铁人故事，阐发铁人精神，才能使读者更好地了解铁人本人及其精神。

本书旨在讲好铁人故事，赓续红色基因，让现代人站在巨人的肩膀上构建当下时代的精神格局，准确把握属于这个时代的精神脉动。有鉴于此，本书通过融媒体的表现形式，以平实的语言文字和丰富的历史图片，辅以扫二维码观看短视频的方式，用一个个精彩鲜活、富有说服力的故事，立体地再现了铁人王进喜的人生经历和英雄事迹，准确地阐释了铁人精神及其时代价值。于读者而言，既可以于闲暇之余精研细读，又可以见缝插针地粗读速览，既可以翻阅，又可以视听，可以说是一本适读群体广、学习方式灵活多样、适合现代生活特点的大众读物。

从结构上来说，本书完整讲述了铁人王进喜如何从一个放牛娃一步步成长为工人阶级的先锋战士，乃至中华民族英雄的过程。书中的 22 段共 280 多分钟的小视频，使读者既可以全面了解和掌握铁人王进喜的成长历程，又可以加深对铁人精神的理解。

几十年来,有关铁人精神的论述及铁人英雄事迹方面的书籍汗牛充栋,但大多着重于对铁人在大庆石油会战时期英雄事迹、铁人精神产生的时代背景进行介绍,因此很容易给不甚了解铁人及铁人精神的人造成一种错觉——铁人王进喜就是靠人拉肩扛、跳泥浆池等苦干蛮干出名的泥腿子。殊不知,铁人王进喜之所以能成为中国石油工人的杰出代表、中国工人阶级的先锋战士、中国共产党人的优秀楷模、中华民族的英雄,是有着与众不同的特质的。

本书的一个重要特点就在于不仅关注铁人王进喜在大庆石油会战中的英雄事迹,而且以独到的视角分析他的性格特质以及铁人精神形成的思想基础、时代特征和动力来源,紧紧围绕铁人的"五讲"题词,展开深刻解读,最终揭示铁人王进喜永葆先锋模范作用的秘诀。这些对于我们今天做到"不忘初心、牢记使命"有着重要的借鉴作用。

一个民族不能没有英雄,一个国家不能没有先锋。本书作为中国共产党成立 100 周年献礼作品,在中国特色社会主义新时代,对于弘扬铁人精神,促进人们以铁人为榜样,在民族复兴大业中有作为、敢担当、建功立业具有重要的现实意义。本书入选 2021 年全国高校出版社主题出版和山东省主题出版重点出版物。

在本书撰写过程中,中国石油大学出版社策划组织了大庆采风活动,在此要特别感谢中国石油大学出版社、大庆油田、铁人王进喜纪念馆对本书撰写的帮助与支持。此外,西安石油大学期刊中心张亘稼编审对全书进行了编校审读,罗卉对全书图片进行了搜集整理并做了大量的审校工作;本书二维码所链接的教学视频由西安超星信息教育科技有限公司录制制作,陈景辉校对整理。在此,一并表示诚挚谢意!

特别值得感谢的是,王进喜的老领导、老战友、大庆石油会战的亲历者、原石油工业部副部长李敬同志已 95 岁高龄,还为本书撰写了代序。在此,向会战的老英雄致以崇高敬意！

本书图片资料引自多处，均在图名处予以标注并将具体信息列示在了参考文献当中，其中引用较多的是大庆油田铁人传写作组编撰、中央文献出版社出版的《铁人传》一书，同时还参考了诸多专家学者的研究成果，在此谨表诚挚的谢意！

由于水平有限，书中难免存有疏漏与不足之处，恳请读者和有关专家批评指正。

作　者

2021 年 5 月 19 日